Feminicídio de Estado

EDITORA
Blimunda

Edição e revisão técnica
Bruna Schlindwein Zeni

Revisão ortográfica
Jana Araujo

Capa, projeto gráfico e diagramação
Fabricando Ideias Design Editorial
@fabricando.ideias

Editora Blimunda
Rua Paim, 420, cj. 55 - Bela Vista
São Paulo/SP - CEP 01306010
www.editorablimunda.com.br
contato@editorablimunda.com.br
@editorablimunda

Dados Internacionais de Catalogação na Publicação (CIP)
(BENITEZ Catalogação Ass. Editorial, MS, Brasil)

M492f Mendes, Soraia
1.ed. Feminicídio de Estado : a misoginia bolsonarista e as mortes de mulheres por covid-19 / Soraia Mendes. – 1.ed. – São Paulo : Blimunda, 2021.
136 p.; 12 x 18 cm.

Bibliografia.
ISBN : 978-65-995890-6-5

1. Bolsonarismo. 2. Criminologia feminista. 3. Covid-19 – Pandemia. 4. Feminicídio. 5. Misoginia. I. Título.

10-2021/68 CDU 343.9

Índice para catálogo sistemático:
1. Misoginia : Feminicídio : Criminologia feminista 343.9

Bibliotecária responsável:
Aline Graziele Benitez CRB-1/3129

SORAIA DA ROSA MENDES

Feminicídio de Estado

a misoginia bolsonarista e as mortes de mulheres por covid-19

Apresentação de
Priscilla Placha Sá

Editora Blimunda

Soraia da Rosa Mendes

Pós-Doutora em Teorias Jurídicas Contemporâneas pela Universidade Federal do Rio de Janeiro (UFRJ). Doutora em Direito, Estado e Constituição pela Universidade de Brasília (UnB). Mestra em Ciência Política pela Universidade Federal do Rio Grande do Sul (UFRGS). Professora Associada do PPG Mestrado e Doutorado em Direito do Centro Unificado de Brasília (UniCeub). Consultora da Comissão Nacional de Direitos Humanos e da Comissão Especial de Proteção dos Direitos dos Povos Indígenas, ambas do Conselho Federal da Ordem dos Advogados do Brasil. Ex-coordenadora nacional do Comitê para América Latina e o Caribe de Defesa dos Direitos das Mulheres (CLADEM) nas gestões 2016-2018 e 2018-2020. Autora de obras doutrinárias de referência, tais como *Criminologia Feminista: novos paradigmas*, *Processo Penal Feminista* e *Pacote Anticrime: comentários críticos à Lei 13.964/2019*. Advogada criminalista especialista em direitos das mulheres.

Apresentação

Era uma terça-feira de aulas para a graduação do curso de Direito da Universidade Federal do Paraná quando, por mensagem, recebi o convite para apresentar esta obra. Entre o susto e a surpresa, mas também por um sentimento profundo que nasce da sororidade, é que acredito que, pelo signo da generosidade da autora, me foi permitido apresentá-la. Ela é essencial para que seja compreendido, dentre muitas coisas, porque um modo de pensar emancipado e feminista é essencial e radical para a vida das mulheres.

Soraia da Rosa Mendes é uma pensadora contemporânea revolucionária. Pensadora fincada em bases feministas, cujo aporte profundo e competente já brindou a comunidade de pensamento – e não apenas a jurídica – com novas categorias e uma escrita que propõe uma viragem paradigmática desde uma epistemologia feminista. Dentre os seus trabalhos de referência, temos *Criminologia Feminista* e *Processo Penal Feminista*. As gerações de estudantes, não só do "mundo jurídico", têm a partir delas elementos para (re)pensar conceitos até então cristalizados no âmbito das ciências criminais. Quem quer de algum modo atuar no sistema de justiça partindo de uma perspectiva de gênero deve conhecer, se já não conhece, o que Soraia da Rosa Mendes produziu.

A potência de sua produção científica, não só por sua formação jurídica em todos os níveis de aperfeiçoamento, inclusive em estágio pós-doutoral, advém também de sua postura diante da vida e dos dilemas sociais que afetam os grupos vulnerados (como ela mesma nos propõe); o cenário de vulneração de mulheres em sua multidimensão toma não somente sua prática acadêmica, mas também sua atuação como professora e advogada – como jurista que é.

Considerando o lugar que ocupa, Soraia poderia usufruir do conforto de um "lattes estrelado", mas isso jamais combinaria com a sua inquietude diante das fraturas sociais que atravessam com espada em punho as vivências das mulheres. Colocar uma obra em curso é para quem dispõe de energia diferencial para que o conhecimento adquirido de forma circular e crítica seja difundido no sistema de justiça de forma a servir de semente mutante e revolucionária.

O tema dos feminícidios é um desses que a move, em escrita e em ação. O que se encontra nos textos já referidos acima também pôde ser visto em sua atuação perante o Supremo Tribunal Federal, em conjunto com o advogado Paulo Iotti, para propor a inconstitucionalidade do argumento jurídico da legítima defesa da honra em julgamentos de feminicídio, cujo resultado foi a unanimidade pela procedência da ação. Em mesmo tema, houve o parecer por ela apresentado no Caso 12.263 da Corte Interamericana de Direitos Humanos, acerca do assassinato de Márcia Barbosa de Souza, cuja autoria foi imputada a Aércio Pereira de Lima, então deputado estadual

Conciliando produção científica e atuação jurídica como advogada, a autora, mesmo em tempos pandêmicos e imersa no que são as vidas, mas, sobretudo, as mortes anunciadas de determinados grupos de mulheres, emprestou toda a sua expertise para avaliar as ocorrências das mortes de mulheres vulneradas pertencentes a determinados grupos, como mulheres transexuais e transgêneras, mulheres grávidas e puérperas, mulheres negras quilombolas e mulheres indígenas. Essa avaliação contou com dedicada investigação junto a diversos organismos e com a análise de documentos empíricos produzidos, associadas a dados científicos da área da saúde sobre a crise pandêmica.

O resultado é a obra que se tem em mãos, que propõe uma discussão a respeito da categoria de "Feminicídio de Estado", com base empírica e concreta no cenário nacional e cuja autoria, no entender da autora, recai sobre o Chefe do Executivo Nacional.

A dimensão das categorias jurídicas tradicionalmente concebidas e, como se sabe, já há muito criticadas por diversos vieses, tanto das ciências penais quanto da criminologia, tem raízes numa tradição de centro, e não desde à margem. Quem quiser imaginar que se está a propor tábula rasa dos postulados estruturantes da dogmática ou a fazer ruir garantias e direitos fundamentais segue por uma linha equivocada.

O que se quer é conceber algo desde a nossa realidade marginalizada, que cotidianamente mata mulheres, e elas morrem por essa condição que, quando acumulada com outros signos, potencializa sua ida para o necrotério ou para o cemitério. Vale lembrar – a quem pareça um tanto inédita a leitura a partir de uma base epistêmica feminista – que aqui a travessia é (e sempre foi, nas obras da autora) acompanhada pelas questões de racialidade e de classe. A dimensão político-criminal normalmente é pensada de modo hegemônico e sua flexão é permitida quando o próprio pensamento hegemônico quer abrir novos flancos. Por exemplo, quando se admite a responsabilidade penal da pessoa jurídica ou quando se entende que é cabível dolo eventual em lavagem de dinheiro. Não que tais temas não sejam absolutamente relevantes, mas para dizer, com a devida licença, que assassinatos também o são.

Parece necessário compreender que, num modelo democrático, é de exigência que as mulheres juristas ofereçam brechas epistêmicas de leitura e interpretação desde um lugar que só é dado a quem os ocupa legitimamente. Lidar com o sistema penal e as ciências penais é lidar também com as singularidades, que se entrecruzam com as vicissitudes dos efeitos e defeitos de categorias que, no mais das vezes, sabe-se, atingem diferentemente as pessoas. É o que está exposto nesta obra de forma magistral; nesta obra, que tem na escrita uma cadência crescente, marca já conhecida da autora.

Nada do que foi dito anteriormente é favor ou homenagem: é uma forma de convocar para a reflexão quem pensa criticamente os postulados das ciências penais e o cenário descortinado pela covid-19 a respeito do que significam as mortes de mulheres; de muitas mulheres, de milhares de mulheres.

Primavera de 2021.

Segundo ano da pandemia da covid-19.

Priscilla Placha Sá.

A todas as mulheres transexuais, travestis, quilombolas, indígenas, gestantes e parturientes que sucumbiram ante a covid-19 embalada no berço misógino do bolsonarismo.

Agradecimentos

Primeiro, como deve ser, àquele que é o princípio de tudo e àquela que é a senhora de mim. Laroyê! Eparrei!

Meus agradecimentos ao Conselho Nacional de Saúde (CNS), na pessoa de seu presidente Fernando Pigatto, ao Conselho Nacional de Direitos Humanos (CNDH), na pessoa de seu presidente Yuri Costa, e à Sociedade Maranhense de Direitos Humanos (SMDH), representada por sua diretora, Diana Melo.

Agradeço também ao Fórum Nacional de Defesa do Direito Humano à Saúde e à Articulação para o Monitoramento de Direitos Humanos no Brasil (AMDH).

De modo especial, agradeço ao Movimento Nacional de Direitos Humanos (MNDH), organização com a qual tenho a honra de dialogar há praticamente duas décadas, o que faço com particular gratidão ao querido amigo, filósofo, pesquisador e professor, Dr. Paulo César Carbonari.

Aos Senadores e Senadoras da República que tomaram a frente da CPI da Covid-19 no parlamento brasileiro, sem a qual muito do conjunto probatório que dá lastro a este trabalho científico estaria enterrado junto aos milhares de corpos de mulheres que sucumbiram à misoginia bolsonarista.

Agradeço em festa à professora Priscilla Placha Sá, não somente (o que já é muito!) pelo prefácio desta obra, mas por dialogar comigo sobre ela e muito contribuir para necessárias correções de trajeto.

Por fim, agradeço a Ana Maria Martínez, por sua contribuição com a pesquisa que resultou neste livro, por ser a presença nos meus momentos de ausência em nosso escritório de advocacia, mas também por ser uma parceira, uma amiga, uma filha que o destino reservou para mim. Obrigada por estar em minha vida, Aninha.

Nota da Autora

Adotei a terminologia "feminicídio de Estado" pela primeira vez em minha obra *Processo Penal Feminista*,[1] hoje na segunda edição pela Editora Atlas. Contudo, o aprofundamento que faço neste livro teve por oportunidade a pesquisa que realizei para os fins do projeto "Atuação Internacional no Direito Humano à Saúde", decorrente da Carta Acordo SCON2021-00287, celebrada entre a Organização Pan-Americana da Saúde, o Escritório Regional da Organização Mundial da Saúde (OPAS/OMS) e a Sociedade Maranhense de Direitos Humanos (SMDH), com apoio do Conselho Nacional de Saúde (CNS) e do Conselho Nacional de Direitos Humanos (CNDH).

Faço menção à origem dos recursos que possibilitaram minha pesquisa não somente por um dever de lealdade acadêmica, mas também para juntar minha voz a de milhares de pesquisadoras e de pesquisadores que viram, nes-

---

1 MENDES, Soraia. **Processo Penal Feminista**. 2 ed. São Paulo: Atlas, 2021. p. 139.

te ano de 2021, seus estudos impossibilitados de continuidade em razão do corte de 90% das verbas para a ciência no Brasil. *Feminicídio de Estado: a misoginia bolsonarista e as mortes de mulheres por covid-19* é, portanto, fruto de um esforço hercúleo de entidades que acreditam na ciência em um país no qual, por um triz, pensar ainda não foi rotulado oficialmente como crime.

SUMÁRIO

Introdução

Segundo a Organização Mundial de Saúde (OMS), "saúde é um estado de completo bem-estar físico, mental e social, e não consiste apenas na ausência de doença ou de enfermidade" (OMS, 1946). Daí porque, à vista do cenário mundial, já nominado por representantes latino-americanas da ONU Mulheres como o de uma "pandemia silenciosa" de violência, o Brasil, de modo particular, ainda está longe de garantir a saúde de milhares de mulheres e meninas, que continuam submetidas a um sistema de custódia consistente no conjunto de tudo o quanto se faz para reprimir, vigiar e cercear a liberdade (em casa ou em instituições totais), mediante a articulação de mecanismos de exercício de poder do Estado, da sociedade de forma geral, e da família (MENDES, 2017, p. 170). Um estado de coisas que, se já era grave, tornou-se ainda mais preocupante com a eclosão da pandemia de covid-19, em razão de demonstrações públicas e claras de misoginia da parte de agentes públicos e que culminaram com ações e omissões responsáveis por levar à morte milhares de mulheres por razões interseccionadas de gênero, de raça, de etnia e de classe social.

Sem dúvida alguma a vedação de toda e qualquer forma de violência contra as mulheres em uma perspectiva alargada decorrente de compromissos e obrigações internacionais em relação a todas (cis e trans) está intimamente relacionada não somente ao direito à vida e à segurança, mas também ao exercício de liberdades e direitos tais como a alimentação, a saúde, a habitação, o trabalho, a educação, a não discriminação, a igualdade, a vedação da tortura, a privacidade, o acesso à informação, dentre outras e outros.

De outra banda, no âmbito do direito interno, para além de assassinatos perpetrados por parceiros íntimos encerrados nas mais conhecidas e difundidas – contudo, mais restritivas – disposições legais internas referentes ao feminicídio[1] como decorrente de violência doméstica e familiar (art. 121, § 2.º, inciso VI c/c § 2.º-A, I do Código Penal), entende-se neste trabalho que configuram ***feminicídio de Estado*** todas as condutas dolosas, comissivas ou omissivas, de agentes estatais que deem causa à morte de

---

1 Segundo dados do 15.º Anuário do Fórum Brasileiro de Segurança Pública, a porcentagem de feminicídios no universo de todos os assassinatos de brasileiras foi de 35%. Há de se considerar nesse levantamento que, como apontam pesquisas mais aprofundadas, tais informações encontram-se centradas na figura do feminicídio íntimo, o que enviesa a compreensão do fenômeno da violência com o peso da identidade de gênero (mulheres trans e travestis), da raça e da etnia, bem como da classe social das vítimas.

mulheres em razão da situação de desigualdade histórico-cultural de poder, construída e naturalizada como padrão de menosprezo ou discriminação ao gênero feminino (art. 121, § 2.º, inciso VI c/c § 2.º-A, II do Código Penal).

Enquadram-se, assim, para fins de responsabilização penal de agentes de Estado, todas as mortes de mulheres por atos deliberados ou decorrentes de omissão estatal em casos de misoginia interseccionados com raça/etnia, orientação sexual, identidade de gênero, ideologia política, crença religiosa ou em situações de abortamentos clandestinos ou conduzidos em situações precárias, falta de atenção à saúde de gestantes e puérperas e de ações de grupos ou facções criminosas, bem como, para os fins especiais deste artigo, as mortes de mulheres ocorridas no período e no contexto declarado pela Organização Mundial de Saúde como Pandemia da covid-19.

"Feminicídio de Estado" surge pela primeira vez em minha retina quando da escrita de *Processo Penal Feminista*, hoje na segunda edição pela Editora Atlas (2021), como fruto de meu pós-doutorado em Teorias Jurídicas Contemporâneas, na Universidade Federal do Rio de Janeiro, entre os anos de 2017 e 2018. Lá, minha preocupação foi essencialmente a de apresentar minhas reflexões sobre a necessidade de protocolos investigativos em casos obscurecidos por não se encontrarem no rol das mortes violentas em decorrência de violência doméstica e familiar. Minhas inquietações giravam (e giram) ao redor dos *outros feminicídios*, os reprodutivos, os políticos, os transfeminicídios, os lesbofeminicídios e outros que estão abarcados pela misoginia.

Aqui nesta obra, enfim, chegou a hora e a vez de conceituar o feminicídio de Estado e de, compatibilizando-o de acordo com a legislação brasileira, fazer dele um instrumento de responsabilização de agentes estatais por inúmeras mortes ainda anônimas. Para tanto, trago novamente à baila os aspectos concernentes à investigação sobre os quais me dediquei na obra *Processo Penal Feminista*. E, por fim, faço o estudo de caso sobre as mortes de mulheres por covid-19, apontando as repercussões no campo jurídico para a responsabilização criminal do Presidente da República, Sr. Jair Messias Bolsonaro.

Neste livro serão considerados feminicídios de Estado todas as mortes[2] de:

> *Um*, mulheres transexuais e travestis às quais é dificultado ou negado o acesso às políticas emergenciais do Estado e que,

---

2 Este artigo não teria sido possível sem a colaboração de Ana Maria Martínez, a quem coube a pesquisa sobre os dados coletados pela Associação Nacional de Travestis e Transexuais (ANTRA), pelo Observatório Obstétrico Brasileiro Covid-19 (OOBr Covid-19), pela Coordenação Nacional de Articulação das Comunidades Quilombolas Rurais Negras (CONAQ) e pela Articulação dos Povos Indígenas do Brasil (APIB).

devido à precarização das condições de trabalho nas ruas, foram expostas ao vírus em todas as fases da pandemia, consoante pesquisas e dados organizados pela Associação Nacional de Travestis e Transexuais (ANTRA);

Dois, mulheres grávidas e puérperas durante o período pandêmico no Brasil, entendendo-se como por gestante (qualquer trimestre gestacional ou idade gestacional ignorada) ou puérpera entre 10 e 55 anos, conforme definido pelo Observatório Obstétrico Brasileiro Covid-19 (OOBr Covid-19);

Três, mulheres negras quilombolas, monitoramento da Coordenação Nacional de Articulação das Comunidades Quilombolas Rurais Negras (CONAQ) e

Quatro, mulheres indígenas, consoante dados referendados pela Articulação dos Povos Indígenas do Brasil (APIB).

Para os fins da responsabilidade penal do Presidente da República pelas mortes de mulheres e meninas, os atos misóginos praticados enquanto chefe de Estado, considerado o reconhecimento da estrutura patriarcal que embala a hipótese de menosprezo ou discriminação à mulher (art. 121, § 2.º-A, inciso II, do Código Penal), são enquadrados tendo o contexto da pandemia da covid-19 como o meio de execução cruel (art. 121, § 2.º, II, do Código Penal), com torpe motivação (art. 121, § 2.º, I, do Código Penal) para matar mulheres pelas razões da condição de sexo feminino (art. 121, §2.º, VI, do Código Penal), por menosprezo e discriminação de gênero (art. 121, § 2.º-A, inciso II, do Código Penal).

Em considerações finais, minha resposta a tudo o quanto será encontrado nestas páginas não poderia ser outra que não a abertura e a promoção de ações investigativas adequadas à averiguação de casos de mortes de mulheres em decorrência do feminicídio de Estado face ao Sr. Presidente da República Jair Messias Bolsonaro pelos assassinatos reportados de mulheres transexuais, travestis, indígenas, quilombolas, gestantes e puérperas.

1

Os direitos à saúde e à vida (livre de violência) das mulheres

Estabelece a Declaração Universal dos Direitos Humanos (1948) que *todo ser humano tem direito à vida, à liberdade e à segurança pessoal* (art. 3.º). Assim como, por sua vez, o Pacto Internacional dos Direitos Civis e Políticos de 1966 determina que o *direito à vida é inerente à pessoa humana*, devendo ser protegido pela lei, pois *ninguém pode ser arbitrariamente privado da vida* (art. 6.º).

Nessa toada, o Comitê de Direitos Humanos entende ser a vida *o direito supremo do qual nenhuma derrogação é permitida, mesmo em situações de conflito armado e outras emergências públicas que ameacem a vida da nação*. Segundo o Comitê:

> O direito à vida tem uma importância crucial tanto para os indivíduos quanto para a sociedade como um todo. É muito precioso por si mesmo como um direito inerente a todo ser

humano, mas também constitui um direito fundamental, cuja proteção efetiva é o pré-requisito para o gozo de todos os outros direitos humanos e cujo conteúdo pode ser informado por outros direitos humanos.

De acordo com a orientação hermenêutica do Comitê, esse dispositivo do art. 6.º define que *direito à vida é um direito que não deve ser interpretado de forma restrita*, pois diz respeito, frise-se:

> ao direito dos indivíduos de estarem livres de atos de comissão ou omissão que se destinam a ou potencialmente podem causar sua morte não natural ou prematura, bem como impedi-lo de desfrutar uma vida com dignidade. O artigo 6.º garante este direito a todos os seres humanos, sem distinção de qualquer espécie, inclusive para os suspeitos ou condenados, mesmo pelos crimes mais graves.[1]

Importante é lembrar também que, da mesma forma, o art. 6.º define que a privação da vida envolve um dano ou lesão **intencional ou de alguma forma previsível e**

---

1 Neste mesmo sentido, também vai a Convenção Americana sobre Direitos Humanos (1969) ao estabelecer no art. 4.º, parágrafo 1.º, que toda *pessoa tem o direito de que se respeite sua vida* e que *ninguém pode ser privado da vida arbitrariamente*. E, de igual sorte, o Comentário Geral 36 (adotado pelo Comitê de Direitos Humanos da ONU, na 124.ª sessão de 8 de outubro a 2 de novembro de 2018) ao artigo 6.º do Pacto Internacional sobre os Direitos Civis e Políticos (PIDCP).

evitável (grifo meu), causada por um ato ou omissão. E que a obrigação dos Estados Partes de respeitar e garantir o direito à vida se estende **a ameaças razoavelmente previsíveis e situações ameaçadoras à vida que podem resultar em perda de vidas ou não** (grifo meu).

Aliás, consoante o parágrafo 7 do Comentário Geral 36, os *Estados Partes podem violar o artigo 6, mesmo que tais ameaças e situações não resultem em perda de vidas*, dizendo também, no parágrafo 26, que *os Estados devem tomar medidas apropriadas para abordar as condições gerais da sociedade que podem gerar ameaças diretas à vida ou impedir que os indivíduos gozem de seu direito à vida com dignidade. Essas condições gerais podem incluir altos níveis de violência criminal e armamentista, tráfego intenso/generalizado e acidentes industriais, degradação do meio ambiente, privação de terras, territórios e recursos dos povos indígenas, a prevalência de doenças potencialmente fatais, fome, desnutrição generalizada, extrema pobreza e situação de rua.*

Diz também que as medidas exigidas para conferir condições adequadas de proteção do direito à vida incluem medidas destinadas a assegurar o acesso a bens e serviços essenciais, como alimentos, água, abrigo, assistência médica, eletricidade e saneamento, além de outras medidas destinadas a promover e facilitar condições gerais adequadas, como o apoio a serviços de saúde de emergência eficazes, operações de resposta a emergências (incluindo bombeiros, ambulâncias e forças policiais) e programas de moradia social. E que é dever dos Estados desenvolver *planos de contingência e planos de gestão de desastres projetados para aumentar a prontidão e enfrentar desastres naturais e provocados pelo homem, que podem afetar negativamente o gozo do direito à vida*.

Eis aí, portanto, o fundamento da obrigação internacional do Estado brasileiro por seus agentes de respeitar e garantir o direito à vida, para efetivá-lo por meio de medidas legislativas e outras, bem como para fornecer recursos eficazes e reparação a todas as vítimas de violações do direito à vida que, por sinal, também está explicitamente assegurado no Texto Constitucional no qual se lê (art. 5.º, *caput*) que todos *são iguais perante a lei, sem distinção de qualquer natureza, garantindo-se aos brasileiros e aos estrangeiros residentes no País a inviolabilidade do direito à vida, à liberdade, à igualdade, à segurança e à propriedade*.

Tomado em suas duas dimensões, tanto de direito de defesa quanto de dever de proteção, o direito à vida impõe-se aos poderes públicos e aos demais indivíduos no sentido de não agredir esse bem jurídico (dimensão de defesa) e de tomar todas as providências apropriadas para garantir a proteção a esse bem (dimensão de proteção). De modo direto, corresponde ao Estado por seus agentes o dever de evitar toda ameaça iminente à vida, sendo que a todos os poderes públicos cabe apurar diligentemente todas as mortes – como veremos adiante sobre a investigação dos feminicídios de Estado.

Desde 1948, com a Declaração Universal dos Direitos Humanos, o direito à saúde é reconhecido como a garantia de que todo ser humano goze de "*um nível de vida suficiente para lhe assegurar e à sua família a saúde e o bem-estar, principalmente quanto à alimentação, ao vestuário, ao alojamento, à assistência médica e ainda quanto aos serviços sociais necessários*", assim com tenha "*direito à segurança no desemprego, na doença, na invalidez, na viuvez, na velhice ou noutros casos de perda de meios de subsistência por circunstâncias independentes da sua vontade*" (art. 25, DUDH, 1948).

Para além da ausência de doença, também muito especialmente em razão do que dispõe o Pacto Internacional dos Direitos Econômicos, Sociais e Culturais, aprovado em 1966 pela Assembleia Geral das Nações Unidas, a efetividade do reconhecimento do direito à saúde demanda a adoção de medidas específicas que sejam condizentes com o *direito de toda pessoa de desfrutar o mais elevado nível de saúde física e mental* (Artigo 12, § 1.º, PIDESC), mediante ações que assegurem:

> 2. A melhoria de todos os aspectos de higiene do trabalho e do meio ambiente.

> 3. A prevenção e o tratamento das doenças epidêmicas, endêmicas, profissionais e outras, bem como a luta contra essas doenças.
>
> 4. A criação de condições que assegurem a todos a assistência médica e serviços médicos em caso de enfermidade. (Artigo 12, § 2.º, PIDESC).

Na Observação Geral n.º 14 do Pacto Internacional de Direitos Econômicos, Sociais e Culturais, essa visão do direito à saúde é aprofundada para além do campo negativo, ou seja, a ausência de saúde, como também para transpor os limites do individual, que seria somente a relação paciente e médico. Assim, a saúde é compreendida como *um direito humano fundamental e indispensável para o exercício dos demais direitos humanos*, sendo que *todo ser humano tem direito a desfrutar do mais alto nível possível de saúde que lhe permita viver dignamente*.

Em síntese, tal como ensina Águeda Müller (2014, p. 26) o direito à saúde é (i) "multidimensional", o que significa dizer que, para que se alcance um estado de saúde completo, é crucial que esteja garantida a qualidade de vida como um todo; trata-se, também, (ii) de um direito de "tendência expansiva", isto é, não está definido de forma acabada, pois, uma vez inserido historicamente em um tempo-espaço, o que é considerado como "existência digna" varia também com o nível que a sociedade alcança em novos patamares tecnológicos e saberes científicos, e ainda, não limitado ao plano individual, mas, sim, (iii) de "caráter coletivo".[2]

Multidimensional, de tendência expansiva e de caráter coletivo, também de acordo com a Constituição da Organização Mundial da Saúde. Em seu preâmbulo, o direito à saúde requer uma "*opinião pública esclarecida e uma cooperação ativa da parte do público*", sendo de capital importância "*para o melhoramento da saúde dos povos*". Tudo a exigir que Estado cumpra o dever de prestar uma

---

2 Segundo Müller, é importante refletirmos sobre em que geração ou dimensão de direitos humanos está inserido o direito à saúde, considerando que a cada nova geração ocorre a soma de direitos, e não uma superação. Para a autora, o direito à saúde deve ser entendido como "um direito individual, como direito social, como direito solidário e como direito à saúde das pessoas futuras, que coexistem e não se anulam" (MÜLLER, 2014, p. 57, tradução nossa). E, compartilhando do pensamento de Eduardo Tinant, Águeda Müller (2014, p. 57) compreende as dimensões do direito à saúde nos seguintes termos: *Direito de primeira geração*: o direito à saúde individual, que está vinculado à liberdade, à não interferência da sociedade e à relação entre médico(a) e paciente. *Direito de segunda geração*: o direito à saúde social, conectado ao dever de prestação sanitária e farmacológica por parte do Estado. *Direito de terceira geração*: direito à saúde solidário, que é um bem jurídico coletivo, o qual demanda do Estado a criação de políticas de saúde pública nacionais concretas. *Direito de quarta geração*: direito à saúde das pessoas futuras, que também é um bem jurídico coletivo marcado por políticas de saúde pública em médio e longo prazo por parte do Estado que visem também à proteção das gerações futuras.

informação pública em consonância com a produção da comunidade científica, jamais o contrário.

Como sabido, as Nações Unidas definem a violência contra as mulheres como "*qualquer ato de violência de gênero que resulte ou possa resultar em danos ou sofrimentos físicos, sexuais ou mentais para as mulheres, inclusive ameaças de tais atos, coação ou privação arbitrária de liberdade, seja em vida pública ou privada*". E, de outro lado, o direito à saúde corresponde "*ao mais elevado nível possível de saúde física e mental*". O processo de construção e realização dos direitos humanos das mulheres apresenta-se, assim, com um complexo de exigências para a garantia de uma vida livre de violência, que, portanto, alimenta-se da perspectiva ampliada do direito à saúde, assim como, por sua vez, também alimenta o direito à saúde, necessariamente interpelado pela perspectiva de gênero.

Nesse sentido, de modo especial, a Convenção Interamericana para Prevenir, Punir e Erradicar a Violência Contra a Mulher, conhecida como a Convenção de Belém do Pará, traz em seus termos (art. 4.°, "a" e "b") que todas as mulheres têm *direito ao reconhecimento, desfrute, exercício e proteção de todos os direitos humanos e liberdades consagrados em todos os instrumentos regionais e internacionais relativos aos direitos humanos*, dentre os quais estão abrangidos o *direito a que se respeite sua vida* e o *direito a que se respeite sua integridade física, mental e moral.*

Ainda sob a perspectiva normativa, dentre outros documentos, preciso tomar como referências o Pacto Internacional sobre os Direitos Econômicos, Sociais e Culturais (PIDESC), o Protocolo de San Salvador e o Pacto de San José da Costa Rica (a Convenção Americana de Direitos Humanos (CADH)), bem como, no quadro normativo internacional especial, a Convenção sobre a Eliminação de Todas as Formas de Discriminação contra a Mulher (CEDAW, 1979). E, além desses, o conjunto de compromissos do Estado brasileiro com as dimensões da saúde (diga-se, também sexual e reprodutiva) das mulheres enquanto sujeitos de direitos englobam aspectos determinantes destacados no Programa de Ação de Viena (1993), no Plano de Ação de Cairo (1994), no Plano de Ação de Pequim (1995) e no Consenso de Montevidéu (2013).

No Programa de Ação de Viena (1993) é reconhecida a "*importância das mulheres poderem usufruir o mais elevado padrão de saúde física e mental ao longo das suas vidas*" (41), afirmando que "*a participação plena das mulheres, em condições de igualdade, na vida política, civil, econômica, social e cultural, aos níveis nacional, regional e internacional, bem como a erradicação de todas as formas de discriminação com base no sexo, constituem objetivos prioritários da comunidade internacional.*"

Consta no Programa também que a "*violência baseada no sexo da pessoa e todas as formas de assédio e exploração sexual, nomeadamente as que resultam de preconceitos culturais e do tráfico internacional, são incompatíveis com a dignidade e o valor da pessoa humana e devem ser eliminadas"*, o que pode ser alcançado mediante ações de *"caráter legislativo e da ação nacional e cooperação internacional em áreas tais como o desenvolvimento socioeconômico, a educação, a* ***maternidade segura e os cuidados de saúde*** (grifo meu), *e a assistência social"* (18).

De igual sorte, a Plataforma de Ação de Pequim[3] trata explicitamente do direito à saúde em sua interdependência com os outros direitos das mulheres, como parte do conjunto dos direitos humanos dessa população.[4] No *Objetivo Estratégico 'C'* (89), consta que:

> A mulher tem o direito de desfrutar do mais elevado nível possível de saúde física e mental. O gozo deste direito é essencial para sua vida e seu bem-estar, e para sua capacidade de participar em todas as esferas da vida pública e privada. A saúde não é só a ausência de enfermidade ou moléstia, mas sim um estado de pleno bem-estar físico, mental e social. A saúde da mulher inclui o seu bem-estar: emocional, social e físico; contribuem para determinar sua saúde tanto fatores

---

3 Item 106, alínea "K", sobre "promover o acesso da mulher durante toda a sua vida a serviços de atendimento à saúde, à informação e a serviços adequados, de baixo custo e boa qualidade", Plataforma de Ação de Pequim, 1995.

4 Item 96-97, Capítulo IV, Plataforma de Ação de Pequim, 1995.

biológicos quanto o contexto social, político e econômico em que vive. Contudo, a maioria das mulheres não goza de saúde nem de bem-estar. **O obstáculo principal que impede a mulher de alcançar o mais alto nível possível de bem-estar é a desigualdade entre a mulher e o homem e entre mulheres de regiões geográficas, classes sociais e grupos indígenas e étnicos diferentes.** Em foros nacionais e internacionais, as mulheres têm ressaltado que a igualdade, inclusive na distribuição das obrigações familiares, o desenvolvimento e a paz são condições necessárias para que possam gozar de ótima saúde durante todo o seu ciclo vital. (Grifo meu.)

E diz mais (92):

É preciso lograr que as mulheres possam exercer o direito a usufruir o mais elevado nível possível de saúde durante todo o seu ciclo vital, em igualdade de condições com os homens. As mulheres padecem de muitas das afecções de que padecem os homens, mas de maneira diferente. **A incidência da pobreza e da dependência econômica da mulher, sua experiência com a violência, as atitudes negativas para com mulheres e meninas, a discriminação racial e outras formas de discriminação, o controle limitado que muitas mulheres exercem sobre sua vida sexual e reprodutiva, e sua falta de influência na tomada de decisões são realidades sociais que têm efeitos prejudiciais sobre sua saúde.** A falta de alimento para meninas e mulheres e a distribuição desigual de alimentos no lar, o acesso inadequado à água potável, às facilidades sanitárias e ao combustível, sobretudo nas zonas rurais e nas zonas urbanas pobres, e as condições deficientes de moradia pesam excessivamente sobre a mulher e sua família e repercutem negativamente na sua saúde. A boa saúde é essencial para viver de forma produtiva e satisfatória, e é fundamental para o avanço das mulheres que tenham o direito de controlar todos os aspectos de sua saúde e, em especial, de sua própria fertilidade. (Grifo meu.)

Por fim, para não deixar de registrar essa previsão importante para o que apresentarei como manifestações comprobatórias da misoginia do Presidente República, Sr. Jair Bolsonaro, é importante destacar, no que tange a gestantes e puérperas, que (94):

A saúde reprodutiva é um estado de completo bem-estar físico, mental e social, em todos os aspectos relacionados com o sistema reprodutivo e suas funções e processos, e não a mera ausência de enfermidade ou doença. A saúde reprodutiva implica, assim, a capacidade de desfrutar de uma vida sexual satisfatória e sem risco, a capacidade de procriar e a liberdade para decidir fazê-lo ou não fazê-lo, quando e com que frequência. Essa última condição implica o direito para o homem e a mulher de obter informação sobre métodos seguros, eficientes e exequíveis de planejamento familiar e de ter acesso aos de sua escolha, assim como a outros métodos por eles escolhidos para regularização da fertilidade, que não estejam legalmente proibidos, e **o direito de acesso a serviços apropriados de atendimento à saúde que permitam às mulheres o acompanhamento seguro durante a gravidez,**

> bem como partos sem riscos, e deem aos casais as melhores possibilidades de terem filhos sãos. Em consonância com essa definição de saúde reprodutiva, o atendimento à saúde reprodutiva se define como o conjunto de métodos, técnicas e serviços que contribuem para a saúde e o bem-estar reprodutivo, ao evitar e resolver os problemas relacionados com a saúde reprodutiva. Inclui também a saúde sexual, cujo objetivo é o desenvolvimento da vida e das relações pessoais e não meramente a assistência social e o atendimento relativo à reprodução e às enfermidades sexualmente transmissíveis. (Grifo meu.)

Em síntese, não pretendo fazer aqui uma análise exaustiva de cada um dos documentos internacionais que garantem de modo amplo o direito à saúde e à vida das mulheres. Contudo, se a ninguém é lícito ignorar a lei, menos ainda a um dirigente de Estado é constitucional e convencional desconhecer os regramentos internacionais aos quais o Brasil comprometeu-se para a proteção da saúde e da vida das mulheres. Discordar das disposições internacionais sobre direitos humanos deixa de ser a mera expressão do livre pensar, na medida em que deliberadamente provoca – como tem provocado – mortes, em especial de mulheres, como adiante veremos ao tratar do enquadramento criminal do Presidente da República por feminicídio de Estado.

2

A construção do conceito de feminicídio

Atribuímos a Carol Orlock, nos idos de 1974, a elaboração das primeiras linhas do conceito de *femicide*, que posteriormente, em 1976, veio a ser utilizado pela primeira vez por Diana Russell perante o primeiro Tribunal Internacional de Crimes Contra Mulheres, em Bruxelas.

Naquele momento, *femicide* foi a terminologia encontrada para conceituar a "*forma mais extrema de terrorismo sexista*", consistente em "*assassinatos de mulheres por homens, porque elas são do sexo feminino*", ou seja, a prática de um crime de ódio perpetrado por homens contra mulheres.

Anos mais tarde, em 1992, no livro *Femicide: The Politics of Woman Killing*, escrito em coautoria com Jill Radford, Russell retoma as análises acerca do tema, momento a partir do qual é possível dizer que se estabelece uma verdadeira referência conceitual para os estudos que envolvem as mortes violentas de mulheres. Nesse trabalho, as autoras inscrevem os femicídios no paradigma do patriarcado, de modo a fazer entender que a violência é uma manifestação com o objetivo de preservar a supremacia masculina, tanto nas relações privadas como nas demais relações sociais, um mecanismo perverso de garantia da dominação masculina, tanto no âmbito privado quanto na vida pública. O femicídio, portanto, faz parte dos mecanismos socioculturais que estruturam a dominação das mulheres pelos homens.

Todavia, é em 2011, no artigo *The Origin and Importance of the Term Femicide*, que a autora toma a questão terminológica de forma mais direta, associando-a ao assassínio de mulheres por homens em razão de serem mulheres e apontando como femicídios, dentre outros, os assassinatos de mulheres decorrentes de atos de governos patriarcais e religiosos nos quais mulheres são proibidas de usar métodos contraceptivos ou provocar o aborto. E, como muito interessa para os fins de um paralelo com o caso da covid-19 sobre o qual adiante me debruçarei neste livro, ela também aponta como femicídio em massa a obrigação feminina de praticar sexo com parceiros infectados com o vírus HIV sem o uso de preservativos.

A opção pelo uso da palavra *femicide* no lugar de outro termo teve também como objetivo o de marcar a natureza da violência letal praticada contra um gênero específico, pois, por exemplo, com o uso de uma expressão do tipo "assassinatos em decorrência da discriminação de gênero" (*gender-discriminatory-murders*), permaneceriam invisibilizadas as agressões dirigidas ao gênero feminino. Particularmente, em uma atualização deste escopo, que tomo em seu sentido político enquanto necessidade de nomeação das violências, parece-me importante entender o fundamento das mortes de mulheres desde lá – do *femicide* – como o ódio ao feminino. Ou seja, o ódio a todas as mulheres, sejamos cisgêneros, transgêneros ou travestis.

Como a própria autora explica (RUSSELL, 2011), o prefixo "*fem*" é mais amplo que *woman* (mulher) quando associado ao sufixo "*icide*", cuja conotação é a de assassinato. Com toda razão, Russell afirma que a "invenção" de um novo termo para definir as mortes sexistas e misóginas, serviria – serviu e serve – como catalisador das lutas feministas para combater a brutalidade contra mulheres e meninas que permaneceriam, e, infelizmente, muitas ainda permanecem, negligenciadas. E, de fato, como apontou Dora Munevar (2012, p. 56), "*com a denominação femicídio, as mortes violentas de mulheres começaram a ter um nome próprio e a ser visíveis nos debates jurídico-sociais*".

Contudo, para que compreendamos a dimensão desse crime em sua face *de Estado*, como proponho, é vital ressaltar que, já para Diana Russell (2011), o femicídio é definido como um crime de ódio contra as mulheres, cuja explicação está no domínio de gênero em uma ordem patriarcal de supremacia masculina e correspondente opressão, discriminação, exploração e, sobretudo, exclusão social do feminino.

Como, por sua vez, muito bem escreve Jill Radford (1992, p. 5), o femicídio traz uma dupla mensagem. Às mulheres, a de um comando para que se restrinjam aos limites impostos pelo patriarcado, e, aos homens, de entrega do poder, do domínio, com a autorização para que recorram à violência como se ela fosse justificável.

Nominar o femicídio enquanto tal teve o condão de desmascarar o patriarcado como instituição que se sustenta por meio do controle violento dos corpos femininos, mostrando a dimensão política das mortes como uma ação dirigida à conservação e à reprodução do poder patriarcal (SEGATO, 2006, p. 3). Daí porque o feminicídio de Estado, tal como defendo, e o conceituarei nos termos da nossa legislação, é, assim, um resgate da natureza desses delitos como crimes de ódio totalmente relacionados ao sistema de custódia[1] do qual são autores, por ações e/ou omissões, agentes estatais, a quem incumbe o dever de

---

1 Em *Criminologia Feminista*: *Novos paradigmas* (2014; 2017), conceituo custódia como o conjunto de tudo o quanto faz para reprimi-la, vigiá-la e encerrá-la mediante mecanismos de exercício de poder do Estado, da sociedade de forma geral, e da família.

proteger os direitos humanos fundamentais das mulheres, em especial, neste caso, o direito à vida.

A propósito da terminologia "feminicídio", expressão criada por Marcela Lagarde y de Los Ríos (2007) e adotada entre nós, no Brasil, o objetivo foi o de – além de não simplesmente traduzir *femicide* para o espanhol como *femicídio* – apresentar um conceito que destacasse a construção social das mortes de mulheres como crimes de ódio. E a palavra "femicídio", ou homicídio feminino, conduziria a uma mera oposição ao homicídio (morte de homens), não sendo capaz de abranger a complexidade e a gravidade do assassinato de mulheres.

Assim, como fato significativo e de assentamento da expressão entre nós, na América Latina, a partir dos anos 2000, "feminicídio" foi a expressão escolhida para denunciar as muitas mortes violentas de mulheres ocorridas em Ciudad Juarez, no contexto de omissão misógina do Estado mexicano desidioso para com as investigações e as punições de envolvidos.

É ante esse panorama que Lagarde agrega ao conceito a omissão do governo e da polícia mexicana como garantia de impunidade. Assim, o feminicídio passa a ser entendido como o concurso entre a omissão, a negligência e a conivência das autoridades estatais para os fins de garantir a impunidade de agressores, razão pela qual trata-se de um crime de Estado.

Como já tive oportunidade de afirmar em outros escritos, mais do que uma questão terminológica, em meu ponto de vista, e muito especialmente para os fins deste trabalho, o giro operado por Lagarde, levando em conta os crimes ocorridos no México, na verdade, tem como grande resultado o de abrir o intenso debate que daí decorre a respeito do papel estatal nas mortes de mulheres.

Localizar a responsabilidade estatal, portanto, ainda que entre discussões terminológicas, passa a ser a maior questão. Daí porque, Patsilí Vásquez (2009, p. 26-27), por exemplo, entender a insuficiência do termo "femicídio" como a razão de surgimento do conceito de "feminicídio", com o fim de abarcar também a responsabilidade do Estado por favorecer a impunidade desses crimes. Para ela, a impunidade seria, então, o principal diferenciador entre "femicídio" e "feminicídio". E, por feminicídio, seriam entendidas as mortes violentas de mulheres baseadas no gênero com características próprias em seu *modus operandi*, o motivo do crime (aversão às mulheres, sentimento de posse), mas também pela impunidade e não responsabilização penal dos autores, donde surgiria a responsabilidade estatal por negligência.

Mas Diana Russell, por sua vez, ainda que reconheça a urgência da questão da impunidade, não compreende como salutar a adição desse elemento à definição de "feminicídio". Segundo ela, em primeiro lugar, isso significaria que, caso os agressores sejam presos e condenados, a morte estaria descaracterizada como feminicídio. Outro ponto levantado por ela é o fato de que a impunidade, em que pese ser corriqueira em muitos países, não ocorre em todos. Ademais, para ela, o embate entre feministas latino-americanas que adotam o termo "feminicídio" e as que adotam o termo "femicídio" não era sequer uma questão resolvida (RUSSELL, 2011).

Rita Segato, por sua vez, entende que as mortes de Ciudad Juarez foram marcadas pela violência do narcotráfico e têm acentuado relevo de motivação sexual. Assim, é preciso ir mais a fundo para entender que o que circunda essas eliminações está além da omissão do Estado. Como ela acertadamente constata, a impunidade dos agressores não é causa, mas resultado. As mortes e a impunidade se retroalimentam, de maneira que os crimes são um modo de produção e reprodução da impunidade, em um pacto de sangue que une os membros de uma máfia sob a vítima sacrificial (SEGATO, 2005, p. 275).

É fato que a construção do conceito em um contexto latino-americano, notadamente a partir do caso mexicano, está marcada pela conivência e pela omissão do Estado. Daí porque autoras brasileiras o definem como um "conjunto de delitos de lesa-humanidade, que compreende violências, sequestros, desaparecimento de mulheres num espectro de colapso institucional, revelando-

-se também um delito de Estado, que ocorre em tempos de guerra e em tempos de paz" (BIANCHINI, BAZZO e CHAKIAN, 2021, p. 269).

De minha parte, trazendo esse debate sobre a impunidade ao centro da discussão do que adiante conceituarei como feminicídio de Estado, para que tal agravante gere as consequências jurídicas de responsabilização interna esperadas, a questão da impunidade não é, de fato, o ponto de partida. Há que se diferenciar omissão do Estado, que gera impunidade de agressores (agentes estatais ou não), de ações e omissões de agentes do Estado.

A primeira, a toda vista, aponta para o terreno da responsabilização internacional mediante o acionamento de mecanismos próprios nos quais essa discussão, no plano dos direitos humanos, se dá. A segunda refere-se ao enquadramento típico, consoante à legislação interna interpretada obrigatoriamente sob a perspectiva constitucional e convencional, de todo e qualquer indivíduo que perpetre atos capazes de provocar mortes de mulheres em um ambiente econômico, social, cultural e político misógino.

Como repetirei nesta obra diversas vezes, entendo que uma esfera de responsabilização não exclui a outra. Mas as réguas de enquadramento internacional e interno, assim como as de agentes do Estado e do próprio Estado, são – e devem ser – diversas. Daí a necessidade de bem definirmos o conceito de feminicídio de Estado a partir do qual será possível impulsionar internamente mecanismos que, em última instância, visem a combater a impunidade.

A tentativa de uniformidade conceitual, ademais, é completamente inadequada se pensarmos nos diferentes contextos nos quais se dão as mortes de mulheres na América Latina e Caribe. Como já escrevi em *Processo Penal Feminista* (2019; 2021), o fenômeno da violência feminicida apenas aparentemente atinge por igual todas as mulheres, independentemente da raça e da classe social. De acordo com os próprios dados, enquanto os índices de violência têm diminuído para as mulheres brancas desde a edição da Lei Maria da Penha, para as mulheres negras, eles aumentaram; além disso, as brasileiras negras morrem em número muito mais elevado em decorrência de feminicídios indiretos. Como eu já afirmava naquela obra, no Brasil, é preciso que falemos sobre feminicídios reprodutivos em casos de morte decorrentes de violência obstétrica e também de feminicídios políticos, até mesmo para avançarmos na reivindicação de protocolos investigativos com esses fins.

Em *Processo Penal Feminista*, fiz referência ao feminicídio de Estado em um paralelo com a definição de *gendercide*, ou seja, como mortes em massa baseadas na seletividade de gênero. O termo foi usado pela primeira vez por Mary Anne Warren em 1985, em seu livro *Gendercide: The Implications of Sex Selection*, fazendo analogia ao conceito de "genocídio".

Sustento que, em minha perspectiva, não pairam dúvidas de que vivemos uma verdadeira guerra às mulheres, a ser tomada em seu sentido sociológico, antropológico e político. Contudo, até mesmo pelas razões expostas anteriormente, os âmbitos de responsabilização interno e internacional são diferenciados e, por isso, exigem conceituações diferenciadas. Portanto, não tomo o feminicídio de Estado, que aqui apresento, como passível de ser juridicamente pareado ao crime de genocídio.

Diferentemente do resultado das ações e omissões da conduta genocida cujo dolo é o de destruir "*no todo ou em parte, grupo nacional, étnico, racial ou religioso*", não teremos em relação a muitos grupos,[2] tais como as mulheres trans, travestis, quilombolas, gestantes e puérperas, tais características. Por outro lado, para a caracterização e consequente responsabilização de ações e omissões das quais decorram a morte de mulheres por feminicídio de Estado, basta tão somente a construção probatória em relação a uma única morte. Nunca antes foi tão concreto o significante "*nenhuma vida é descartável*".

---

2 Ressalvo que, quanto às mulheres indígenas, sem prejuízo do enquadramento por feminicídio de Estado, entendo ser inegável a política de Estado de extermínio dos povos originários por todos e os mais diversos meios, sendo a pandemia da covid-19 um deles.

3

O conceito de feminicídio de Estado

A conceituação de *femicídio*, ou *feminicídio* – terminologia que adotamos no Brasil com a edição da Lei 13.104, de 9 de março de 2015 –, como era de se esperar, é fruto de um intenso trabalho de construção ao qual muitas teóricas feministas aportaram conhecimentos. E também, como é de se esperar, tratando-se de um resultado científico feminista, não é achado estático a respeito do que não possamos – e devamos – pensar e repensar sobre suas idiossincrasias à vista da conjuntura de violência vivida pela mulheres latino-americanas, em especial, as brasileiras.

De acordo com a Convenção de Belém do Pará, entende-se por violência contra a mulher não somente aquela ocorrida no âmbito familiar, doméstico ou em qualquer relação interpessoal com a vítima, mas também as violências ocorridas na comunidade e cometidas por qualquer pessoa, abrangendo o local de trabalho, as entidades educacionais, os serviços de saúde, assim como também é considerada violência a perpetrada ou tolerada pelo Estado e por seus agentes.

De igual sorte, nos termos do Modelo de Protocolo Latino-Americano de Investigação de Mortes Violentas de Mulheres por Razões de Gênero, define-se como feminicídio tanto a morte violenta de mulheres por razões de gênero que ocorra no ambiente doméstico (em relações familiares) quanto a que venha a ocorrer no âmbito de relações comunitárias em razão de qualquer outra relação interpessoal, como também aquela, anote-se desde já, aquela *perpetrada ou tolerada pelo Estado e seus agentes, por ação ou omissão*. E é este último aspecto, ou melhor dizendo, o resultado "morte violenta de mulheres em decorrência de ações ou omissões de agentes do Estado", que desejo trabalhar nestas próximas linhas para seu ajuste ao contexto brasileiro para compreender a dimensão do feminicídio como crime de ódio. Como muito bem assevera Ana Claudia Abreu (2021) em minucioso estudo, cuja leitura recomendo fortemente:

> Considerando a amplitude das disposições legais e convencionais, um vetor interpretativo da categoria feminicídio é que a sua construção pela teoria feminista se fundou na análise das mortes como crimes de ódio em razão do gênero da vítima e que essa análise, conforme apontamos, está vinculada às relações patriarcais que estruturam a ordem social e que não estão presentes apenas no âmbito da domesticidade, ocorrem também na esfera pública.

No Brasil, o feminicídio foi introduzido mediante a alteração promovida pela Lei n.º 13.104/2015 no artigo 121 do Código Penal, com o acréscimo do inciso VI ao § 2.º do tipo penal, a inclusão do § 2.º-A e a introdução do § 7.º (relacionado às majorantes do feminicídio, por sua vez, também alterado pela Lei n.º 13.771/2018 quanto à redação dos incisos II e III e a inovação do inciso IV). Como sabido, a redação atual encontra-se nos seguintes termos:

> Homicídio simples
>
> Art. 121. Matar alguém:
>
> Pena – reclusão, de seis a vinte anos.
>
> Homicídio qualificado
>
> § 2.º Se o homicídio é cometido:
>
> (...)
>
> Feminicídio
>
> VI – contra a mulher por razões da condição de sexo feminino:
>
> § 2.º-A Considera-se que há razões de condição de sexo feminino quando o crime envolve:
>
> I – violência doméstica e familiar;
>
> II – menosprezo ou discriminação à condição de mulher.
>
> (...)
>
> § 7.º A pena do feminicídio é aumentada de 1/3 (um terço) até a metade se o crime for praticado:
>
> I – durante a gestação ou nos 3 (três) meses posteriores ao parto;

II – contra pessoa menor de 14 (catorze) anos, maior de 60 (sessenta) anos, com deficiência ou portadora de doenças degenerativas que acarretem condição limitante ou de vulnerabilidade física ou mental;

III – na presença física ou virtual de descendente ou de ascendente da vítima;

IV – em descumprimento das medidas protetivas de urgência previstas nos incisos I, II *e* III do caput do art. 22 da Lei n.º 11.340, de 7 de agosto de 2006.

Compreender a origem dessa norma pela análise do processo legislativo é mais um dos elementos importantes para a composição do conceito de feminicídio de Estado, ainda que a natureza jurídica da norma não seja a de crime, mas de circunstância qualificadora, como sabemos. Na proposta original, oriunda do Projeto de Lei do Senado, o PSL 292/2013, o texto seria o seguinte:

Art. 121.

(...)

§ 7.º Denomina-se feminicídio a forma extrema de violência de gênero que resulta na morte da mulher quando há uma ou mais das seguintes circunstâncias:

I – relação íntima de afeto ou parentesco, por afinidade ou consanguinidade, entre a vítima e o agressor no presente ou no passado;

II – prática de qualquer tipo de violência sexual contra a vítima, antes ou após a morte;

> III – mutilação ou desfiguração da vítima, antes ou após a morte:
>
> Pena – reclusão de doze a trinta anos.
>
> § 8.º A pena do feminicídio é aplicada sem prejuízo das sanções relativas aos demais crimes a ele conexos
>
> (BRASIL, 2013, p. 1.002).

O projeto teve como nascedouro os trabalhos realizados pela Comissão Parlamentar Mista de Inquérito (CPMI) sobre a violência contra a mulher instituída com a finalidade de investigar a situação da violência contra a mulher no Brasil e apurar denúncias de omissão por parte do poder público com relação à aplicação de instrumentos instituídos em lei para proteger as mulheres em situação de violência. E, de acordo com o Relatório final da CPMI, o feminicídio já era compreendido, como esperado, como "*um crime de ódio contra as mulheres, justificado socioculturalmente por uma história de dominação da mulher pelo homem e estimulada pela impunidade e indiferença da sociedade e do Estado*" (BRASIL, 2013, p. 1003).

No âmbito da Comissão de Constituição e Justiça, ao PLS 292/2013 foi apresentado um substitutivo pela então senadora Gleisi Hoffmann (PT-PR) que, na condição de relatora, entendeu por alocar a qualificadora como um inciso incluído no parágrafo 2.º. Assim, por tratar-se de espécie de homicídio qualificado, o texto restou da seguinte forma:

Art. 121.

Homicídio qualificado

§ 2.º Feminicídio

VI – contra a mulher por razões de gênero.

§ 7.º Considera-se que há razões de gênero em quaisquer das seguintes circunstâncias:

I – violência doméstica e familiar, nos termos da legislação específica;

II – violência sexual;

III – mutilação ou desfiguração da vítima;

IV – emprego de tortura ou qualquer meio cruel ou degradante.

Aqui, contudo, duas mudanças foram significativas. A primeira foi que a definição de feminicídio, antes entendida como a "*forma extrema de violência de gênero que resulta na morte da mulher*", foi substituída pela expressão "*contra a mulher por razões de gênero*". E a segunda, a inclusão do inciso IV para apontar o "*emprego de tortura ou qualquer meio cruel ou degradante*" como uma nova circunstância ensejadora do delito.[1]

---

1 É importante lembrar aqui, pois é significativo também, a rejeição da emenda apresentada pelo senador Aloysio Nunes Ferreira (PSDB-SP) na Comissão de Constituição, Justiça e Cidadania (CCJ) para ampliar a proposta e acrescentar o inciso V e, desse modo, abranger de forma ampla crimes "por preconceito de raça, cor, etnia, orientação sexual e identida-

A Procuradoria Especial da Mulher do Senado, por sua vez, também propôs um substitutivo de autoria da então senadora Vanessa Grazziotin (PC do B-AM) redefinindo as circunstâncias do feminicídio com a proposta de retirada dos incisos II (violência sexual) e III (mutilação ou desfiguração da vítima). Tendo em vista as previsões já existentes no art. 121 em relação à qualificadora por tortura ou outro meio cruel, propôs-se a eliminação do inciso IV. De fato, verdadeira impropriedade técnica e dogmática.

---

de de gênero, deficiência, condição de vulnerabilidade social, religião, procedência regional ou nacional; ou em contexto de violência doméstica ou familiar". Faço essa menção especial, pois em parecer técnico por mim exarado nos autos do Caso 12.263, em curso perante a Corte Interamericana de Direitos Humanos, tive a oportunidade de referenciar à Corte a necessidade de recomendação para que o Estado brasileiro amplie a definição legal de feminicídio, para considerar mortes de mulheres em razão da misoginia, raça/etnia, orientação sexual, identidade de gênero, ideologia política e crença religiosa. Para esclarecimento, o caso em tela diz respeito ao procedimento processual penal tramitado perante a 1.ª Vara do Tribunal do Júri de João Pessoa do Tribunal de Justiça da Paraíba (TJPB), Brasil, no qual figurou como réu Aércio Pereira de Lima (falecido em 2008), à época dos fatos detentor de mandato parlamentar como Deputado Estadual e, como vítima de homicídio duplamente qualificado em concurso material com ocultação de cadáver, Márcia Barbosa de Souza. A requerimento da Corte, o parecer teve como objeto específico a análise do processo judicial da investigação da morte de Márcia Barbosa, a fim de determinar se foi conduzido com a devida diligência, respeitando o direito ao devido processo. (MENDES, 2021, p. 192-193).

Eis que daí surge, em boa hora, em minha opinião, a inclusão da situação "*menosprezo ou discriminação à condição de mulher*", mais abrangente e abarcando também outras situações em que a mulher é discriminada e/ou coisificada, como a caraterização adequada para a compreensão do feminicídio como crime de ódio em todos os demais contextos para além do doméstico e familiar.

De acordo Ana Claudia Abreu (2021. p. 96), o menosprezo ou a discriminação à condição de mulher oportuniza também considerar feminicídio todas as mortes contra os corpos feminizados, ou seja, de mulheres trans e travestis que são mortas porque inscrevem em seus corpos o feminino, feminino este desvalorizado, desprezado, menosprezado e discriminado em uma sociedade misógina.

Ancorada nos estudos de Berenice Bento (2016), Abreu diz que os corpos feminizados, sejam cis, trans ou travestis, são vítimas de violência de gênero. Isso ocorre porque, em suas palavras (ABREU, 2021, p. 93):

> (...) há uma unidade fundamental entre essas múltiplas feminilidades: o feminino está destinado ao sofrimento e à dor. Não é um mero acaso o fato de que em países onde os índices de feminicídios são altos, também são elevados os indicadores de transfeminicídios, como ocorre no Brasil e no México. Isso revela uma conclusão clara; o motivo dessas mortes é a aversão a essas corporalidades trans e travestis por performatizarem o feminino (BENTO, 2016).

Por sinal, como a autora mais uma vez muito bem pontua, além da definição de mulher, os instrumentos dogmáticos da doutrina penal tradicional não dão conta da compreensão do significado e do alcance do feminicídio. Como ela diz, tais perspectivas hegemônicas são limitadas e, uma vez aplicadas, têm como consequência uma tutela penal insuficiente, o que significa dizer que a compreensão do significante "razões da condição de sexo feminino" exige uma hermenêutica orientada segundo uma perspectiva de gênero. (ABREU, 2021, p. 93).

É do *menosprezo ou discriminação à condição de mulher*, portanto, donde parto para, de acordo com a atual redação do art. 121, § 2.º-A, inciso II, do Código Penal, conceituar o *feminicídio de Estado* como *todas as condutas dolosas, comissivas ou omissivas, de agentes estatais que deem causa à morte de mulheres em razão da situação de desigualdade histórico-cultural de poder, construída e naturalizada como padrão de menosprezo ou discriminação ao gênero feminino.*

O cerne do debate conceitual sobre o feminicídio de Estado está em compreendermos a dimensão das mortes de mulheres como a necropolítica de gênero garantidora da manutenção do poder patriarcal e que se define, como aponta Ana Maria Martínez (2013, p. 11), pela "*multiplicidade de mecanismos de soberania postos em operação por grupos diversos que exercitam um direito de vida e morte sobre corpos de mulher*".

A necropolítica de gênero assegura a coisificação dos corpos femininos mediante um regime de terror capaz de decretar a pena de morte para algumas mulheres. Trata-se da expressão última da masculinidade utilizada como poder, domínio e controle sobre as nossas vidas (SAGOT, 2013, p. 5). Ela conforma o contexto sociopolítico estrutural favorável à vulnerabilidade, que promove e tolera/mantém as desigualdades de gênero. Nas palavras de Izabel Solyszko Gomes (2018), a necropolítica de gênero:

> Define quem importa e quem é descartável, e torna os corpos das mulheres utilizáveis. Torna possível (entre outros elementos) uma descartabilidade biopolítica das mulheres, na medida em que há dispositivos sociais que contribuem para uma política voltada para a morte de mulheres.

Como afirmei na segunda edição do *Criminologia Feminista* (2017, p. 220), no feminicídio: a "ação" é matar uma mulher por ser mulher, o "resultado" é a morte de uma mulher e o "nexo de causalidade" é um sistema de opressão que não só criminaliza seletivamente, mas também seleciona aqueles/as que merecem proteção. Trata-se da última expressão da violência contra as mulheres que pressupõe, no mais das vezes, múltiplos outros atos atentatórios a sua integridade física, moral e psíquica. O bem jurídico ofendido em um ato feminicida, portanto, carrega consigo outras lesões que chegam à própria dignidade da pessoa humana, compreendida sob o aspecto do direito a uma vida livre de violência.

E, como também já pontuei no meu *Processo Penal Feminista* (2021, p. 139), o feminicídio carrega em si a compreensão de que a morte de mulheres em dadas circunstâncias é um fenômeno que está intrinsecamente relacionado aos papéis socioculturais a elas designados ao longo do tempo, e que pode ocorrer de diversas formas, incluindo assassinatos perpetrados por parceiros íntimos ou não, com ou sem violência sexual, por complicações decorrentes de intervenções desassistidas para a interrupção da gravidez, de violência obstétrica ou mesmo de extermínio político.

Daí porque, em minha perspectiva, considerando o crescimento do número de mortes de mulheres no Brasil, em especial de mulheres negras, a opção terminológica por "feminicídio", e não "femicídio", para fins de inclusão da qualificadora no Código Penal, não carrega, em si, um significante distinto.

Por outro lado, a considerar o contexto de violência patriarcal que vivemos, entendo estar em curso em nosso país um verdadeiro projeto de feminicídios de Estado mediante uma política, ora subterrânea, ora plenamente visível, de extermínio de mulheres (MENDES, 2021, p. 139). E o que fez a pandemia da covid-19 foi apresentar-se, tragicamente, como veremos adiante, como mais um meio para a misoginia feminicida.

4

Vulneração e as mortes de mulheres transexuais, travestis, quilombolas, indígenas, gestantes e puérperas durante o período pandêmico

Preliminarmente, na linha do que venho afirmando em meus escritos, não tomo aqui as mulheres transexuais, as travestis, as quilombolas, as indígenas, as gestantes e as puérperas por suas *vulnerabilidades*; mas, sim, como coletividades de mulheres historicamente *vulneradas* pela estrutura patriarcal, racista, LGBTI+fóbica[1] e neoliberal

---

1 Internacionalmente, a Corte Interamericana de Direitos Humanos utiliza a expressão LGBTI+, assim como os órgãos europeus e a *International Lesbian and Gay Association* (ILGA) também. Entre nós, de igual modo, o Supremo Tribunal Federal a toma como referência em seus julgados. Sendo assim, não reconhecendo em mim um sujeito do discurso LGBTI+, com profundo agradecimento aos advogados Paulo Iotti e Abiner Mendes Gonçalves, que gentilmente, mais de uma vez, dispuseram de seu tempo para me auxiliar na formação desta opção, e considerando que nenhum debate está encerrado e que conceitos estão em constante mutação, vi por bem, por ora, manter a sigla LGBTI+.

que as submete às mais diversas formas de violência, dentre as quais está o atentado às suas vidas durante o período pandêmico.

"Vulnerável" e "vulnerabilidade" são palavras corriqueiramente utilizadas para definir pessoas ou grupos de pessoas em situações de precariedade econômica, social, cultural e política. Pelo adjetivo "vulnerável", entende-se a possibilidade de ser ferido, machucado ou violado. Alguém *vulnerável* é alguém que, por alguma circunstância, tem maior probabilidade de sofrer um dano do que outra pessoa em uma mesma situação. Já pelo substantivo "vulnerabilidade", entende-se a característica de algo ou alguém que apresenta falhas ou incoerências. É sinônimo, pois, de fragilidades intrínsecas ao sujeito.

Essas concepções de "vulnerável" e "vulnerabilidade" são muito atraentes e convenientes em um mundo que separa perdedores e vencedores pela métrica de êxito do sujeito neoliberal, pois têm o condão de obscurecer as causas das *vulnerabilidades* que afetam as pessoas denominadas *vulneráveis*. Escondem, em verdade, que, econômica, social, cultural e politicamente, não existem, ontologicamente, vulnerabilidades, mas vulnerações; as pessoas não são vulneráveis, mas, sim, *vulneradas*.

Eis a razão principal para que a minha referência não esteja no adjetivo "vulnerável" ou no substantivo "vulnerabilidade", mas, sim, no verbo "vulnerar".

O verbo "vulnerar", no latim *vulnus*, significa "ferida", ou seja, o ato de ferir, de machucar. Uma reviravolta linguística que, tal como nos provoca a pensar António Madrid, tomado por essa raiz, permite identificar responsabilidades e reivindicar transformações. O verbo "vulnerar" nos auxilia a saber o que precisa mudar, contra o que precisamos lutar. Como diz Madrid (2015), "*si nos olvidamos de estas causas, o no las sabemos ver, o se contribuye a que nos despistemos en su identificación... ¿cómo vamos a transformarlas?*"

> Los términos 'vulnerabilidad' y 'vulnerable' se han popularizado, mientras que los términos 'vulneración' o 'vulnerar' no han seguido el mismo rumbo. Nos cuesta, por ejemplo, entender cómo las estructuras económicas, políticas, mercantiles [...] vulneran los derechos de las personas. Sin embargo, se oye decir que los pobres, migrantes, refugiados, desplazados, gays, lesbianas, transexuales, personas mayores [...] son colectivos vulnerables. ¿Qué se quiere decir exactamente? ¿Qué estas personas son objeto de vulneraciones y que por tanto hay que luchar contra las causas estructurales que dañan? ¿O se está diciendo algo distinto? (MADRID, 2015).

O termo "vulnerável" encerra o perigo de pensarmos que a vulnerabilidade é uma característica da pessoa, e não das estruturas nas quais se vive.

> Si se pierde de vista esta conexión entre vulneración y vulnerabilidad, la popularización del uso de los términos 'vul-

> nerable' y 'vulnerabilidad' contribuirá a extender el discurso neoliberal según el cual cada persona es responsable, y sólo ella, de su suerte o mala suerte. Frente a esto, hay que identificar cuándo estamos ante situaciones de vulneraciones que, entre otros efectos, hacen vulnerables a las personas. (MADRID, 2015).

Como bem aponta Madrid, na maioria dos casos, primeiro vem a vulneração, depois a vulnerabilidade.[2] Por isso, precisamos identificar as vulnerações de direitos e denunciá-las, pois o efeito da vulneração dos direitos é a vulneração das pessoas.

As travestis, as transexuais, as quilombolas, as indígenas, as gestantes e as puérperas não são, nem nunca foram, vulneráveis. As estruturas do patriarcado, do machismo, do racismo, da transfobia e do neoliberalismo são as causas de sua vulneração, abrindo terreno fácil para que a misoginia as exterminasse, tomando a pandemia como meio.

---

2 Somente como um adendo, é interessante notar que a Declaração e Programa de Ação de Viena, em certa altura, faz referência à proteção de grupos que se tornaram vulneráveis. Nos termos exatos: "II. C. 67 67. Deverá ser dado especial ênfase a medidas tendentes a estabelecer e fortalecer instituições relacionadas com os Direitos Humanos, ao reforço de uma sociedade civil pluralista e à proteção de grupos que se tenham tornado vulneráveis [...]."

4.1. A vulneração das travestis e transexuais

Entre aquelas ainda mais vulneradas em razão das políticas adotadas pelo Brasil durante a pandemia do novo coronavírus, estão as travestis e mulheres transexuais. A ausência de políticas públicas direcionadas a esse grupo que, já se sabe, tem seus direitos fundamentais amplamente atacados, sem dúvidas configura também uma opção política de perpetuar ou aprofundar o cenário de violações de Direitos Humanos dessas pessoas.

Parte dessa política de Estado consiste na invisibilidade do(a) outro(a), seja para desfrutar direitos, seja quando da violação de direitos. Dentro desse segundo aspecto, encontra-se a sistemática de subnotificações de casos de violência (BENEVIDES; NOGUEIRA, 2021, p. 75), razão pela qual trazemos nas próximas linhas um levantamento fruto do Dossiê dos Assassinatos e Violência contra Travestis e Transexuais Brasileiras em 2020, desenvolvido pela Associação Nacional de Travestis e Transexuais (Antra) e pelo Instituto Brasileiro Trans de Educação (IBTE).[3]

O Dossiê aponta que, em 2020, a cada 48 horas, uma pessoa trans foi assassinada no Brasil, totalizando 175 ví-

---

3 A Antra e o IBTE representam o Brasil no projeto de pesquisa internacional *Trans Murder Monitoring* (TMM), que monitora e fornece dados em todo o mundo sobre homicídios de pessoas trans e com diversidade de gênero.

timas e mantendo a infeliz marca de país número 1 em assassinatos de pessoas trans no mundo por 12 anos (BENEVIDES; NOGUEIRA, 2021, p. 7). Desse fato, o que certamente não se pode falar é que não havia conhecimento por parte das autoridades públicas de que essas pessoas se encontravam em situação de extremo perigo.

Somente após mais de dez anos dessa cruel marca internacional é que, pela primeira vez, em 2020, o Brasil passou a levantar dados oficiais sobre a violência contra a população LGBTI+ no Anuário Brasileiro de Segurança Pública. Ainda assim, o Dossiê muito bem destaca a contradição entre as violências sofridas no Brasil e o fato de quinze estados e o Distrito Federal não apontarem violências com motivação de orientação sexual ou identidade de gênero (BENEVIDES; NOGUEIRA, 2021, p. 37). O Dossiê (2021, p. 37) salienta que, passados quatro anos de pesquisa, foi possível verificar que o ciclo de violências e exclusões por Estado, família e sociedade são os principais responsáveis pela vulneração, pela marginalização e pela morte das pessoas trans.

Outro aspecto revelado pelo Dossiê (2021, p. 50) é o de que todas as vítimas de assassinato em 2020 expressavam o gênero feminino, sendo reconhecidas como travestis ou mulheres trans. Portanto, há uma conexão entre o gênero feminino e a violência fatal sofrida. Enquanto a maioria dos assassinatos entre pessoas cisgêneras se concentra no gênero msculino, entre as pessoas não cisgêneras, a maioria tem como vítima o gênero feminino, comprovando que o machismo também é elemento motivador dos crimes LGBTI+fóbicos (BENEVIDES; NOGUEIRA, 2021, p. 52).

Nos termos do Dossiê (BENEVIDES; NOGUEIRA, 2021, p. 71):

> Como consequência da pandemia da covid-19, bem como do crescente racismo e da brutalidade policial, as vidas de pessoas trans e de gênero diverso estão em risco ainda maior, disse a organização em um comunicado à imprensa. Aqui, acrescento, ainda, a crise social e econômica provocada pela pandemia do coronavírus sem uma resposta efetiva do Estado; a violência estatal – por ação direta ou indireta quando nega acesso a direitos e se omite na defesa de corpos trans; a crescente agenda global antitrans; a aliança entre conservadores e feministas radicais em uma cruzada contra os direitos das pessoas trans; além do avanço de uma onda fascista pelo mundo e o acirramento das desigualdades em países em desenvolvimento que admitem uma agenda neoliberal.

No cenário de enfrentamento a um vírus que paralisou o mundo, o mais razoável seria pensar que o número de assassinatos reduziria em decorrência do isolamento social. Entretanto, logo de início, o que se viu foi o aumento do número de mortes violentas de pessoas trans e travestis em 2020 revela que o direito a quarentena não é igualmente distribuído. E aqui não se fala no privilégio da quarentena, vez que isso nos remete a um não direito e, por consequência, um foco no indivíduo, e não na responsabilidade do Estado em garantir o exercício do direito ao isolamento no curso de uma pandemia que matou mais de 600 mil brasileiros e brasileiras até o momento. Perpassando pelos primeiros meses da pandemia até os últimos meses de 2020, o Dossiê nos aponta:

> Observamos logo no início do ano que, no primeiro bimestre de 2020 (jan/fev) registramos 40 casos de assassinatos. No segundo bimestre (mar/abr), enquanto o Brasil enfrentava o início da pandemia do coronavírus, o número de casos para o ano apresentou um aumento de 40 para 66 registros. Seguindo a mesma tendência de aumento, o terceiro bimestre (mai/jun) foi de 66 para 100 casos. No quarto bimestre (jul/ago), chegamos a 132 assassinatos. No quinto, (set/ out), saímos 132 para 149 assassinatos. Por fim, no último bimestre, fomos de 149 para 175 assassinatos. (BENEVIDES; NOGUEIRA, 2021, p. 33).

Em 2019, foram 124 assassinatos de pessoas trans e travestis no Brasil; em 2020, esse número salta para 175 mortes – isso quer dizer 51 pessoas, ou 43,5%, a mais que a média assassinato/ano registrada (122,5) entre 2008 e 2020 (BENEVIDES; NOGUEIRA, 2021, p. 32). Essas mortes concentram-se majoritariamente na faixa entre 15 e 29 anos (56% das vítimas), seguida de 28,4% na faixa entre 30 e 39 anos, 7,3% entre 40 e 49 anos e 8,3% entre 50 e 59 anos (BENEVIDES; NOGUEIRA, 2021, p. 39). A morte de pessoas trans ainda na juventude nos recorda da exclusão familiar no início da adolescência; segundo a Antra (BENEVIDES; NOGUEIRA, 2021, p. 43), tem-se que a expulsão de casa pelos próprios genitores ocorre com 13 anos de idade, bem próximo à idade da adolescente trans de 15 anos assassinada em 2020.

Em relação ao local dos assassinatos e à profissão exercida pelas vítimas, o Dossiê (BENEVIDES; NOGUEIRA, 2021, p. 42) assinala que 71% ocorreram em espaços públicos, sendo que ao menos oito dessas vítimas se encontravam em situação de rua mesmo durante a pandemia, o que as colocava em uma situação de maior vulneração, seja pelo ataque fruto da transfobia, seja pela exposição ao novo coronavírus. O Dossiê continua e também revela que 72% eram travestis e mulheres transexuais profissionais do sexo, vítimas da exposição e da marginalização imposta a essas profissionais, mas também da falta, em muitos casos, de liberdade e de possibilidade de vivenciar outras profissões; ou mesmo, em um período pandêmico, de ter assegurado o direito à saúde, que inclui outros direitos, como do isolamento, de moradia e de alimentação.

Segundo o Dossiê (BENEVIDES; NOGUEIRA, 2021, p. 44), somente 4% das travestis e mulheres trans têm trabalho formal, 6% estão em atividades informais e subempregos e a esmagadora maioria, 90%, necessita da prostituição como fonte primária de sobrevivência.

Essas pessoas obviamente não teriam direito ao isolamento e aqui, justamente, não haveria qualquer liberdade de escolha, a não ser entre deixar de ter uma cama para dormir e se expor à contaminação por covid-19 ou a violências físicas e psicológicas que, no extremo, retiram e descartam suas vidas. Esse lugar da não escolha durante a pandemia é evidenciado pelo Dossiê (BENEVIDES; NOGUEIRA, 2021, p. 10):

> Nossas pesquisas estimam que cerca de 70% da população de travestis e mulheres transexuais não conseguiram acesso às políticas emergenciais do Estado, devido à precarização histórica de suas vidas, chegando a terem perda significativa em suas rendas. Assim, não resta outra opção, a não ser continuar o trabalho nas ruas, impondo que tal grupo se exponha ao vírus em todas as fases da pandemia.

A maioria dessas travestis e mulheres transexuais que são deliberadamente excluídas da educação, do mercado formal de trabalho e das políticas públicas, e que são obrigadas a recorrer à prostituição nas ruas são negras e, não por coincidência, são as mais expostas a violências e assassinatos, com o alarmante número de 80% dos casos de assassinatos. No ano de 2020, o marcador da desigualdade racial também esteve presente: 78% das travestis e mulheres trans mortas eram negras (pretas e pardas) (BENEVIDES; NOGUEIRA, pp. 48-49).

O Dossiê (BENEVIDES; NOGUEIRA, 2021, p. 76) também destaca que, em 2020, três mulheres trans defensoras de direitos humanos foram assassinadas, o que, em qualquer cenário, já se mostra como uma perda alarmante, dado que morte de quem se dedica a lutar contra as injustiças que assolam um grupo representa mais que a perda de uma pessoa, pois é sentida no dia a dia de quem resiste para viver e avançar nas mínimas garantias de direitos. A política violenta de ausência do Estado que perdura durante a pandemia também foi responsável pela perda de muitas ativistas que foram à linha de frente para garantir a sobrevivência de outras travestis e mulheres trans.

Diante de um cenário em que a população trans aponta como principais necessidades o direito a emprego e renda (87,3%,), seguido do acesso a saúde, segurança e moradia, e em que 58,6% declara pertencer ao grupo de risco da covid-19 (BENEVIDES; NOGUEIRA, 2021, p. 9), mas 70% desse grupo não tem acesso às medidas emergenciais ou ao auxílio por parte do Estado brasileiro, que nas fichas cadastrais deixou marcada sua política antitrans ao não inserir um campo para o uso do nome social, fica evidente que há uma opção consciente de excluir essas pessoas (BENEVIDES; NOGUEIRA, 2021, p. 44).

O Dossiê (2021, p. 123) teve acesso a 16 casos de pessoas trans vítimas de covid-19 em 2020, mas pela não garantia de respeito ao nome social ou à identidade de gênero nos registros médicos e atestados de óbito, acredita-se que esse número seja ainda maior. Mediante todo esse quadro exposto, o Dossiê também aponta que "não houve um único projeto específico de apoio à população LGBTI+ para o enfrentamento da pandemia" (BENEVIDES; NOGUEIRA 2021, p. 9).

Infelizmente, o cenário de morte em 2021 não é diferente do ano anterior: janeiro foi marcado pelo brutal assassinato de uma menina trans de apenas 13 anos.[4] O silenciamento dos gritos não pode perdurar por mais 12 anos, é preciso responsabilizar quem, no exercício de sua omissão, escolhe aquelas que irão morrer.

4.2 A vulneração das quilombolas

O racismo estrutural presente na sociedade brasileira foi marcador dos processos de enfrentamento e resistência dos quilombos. Ainda assim, há quem se sinta no direito

---

4 JOVEM trans de 13 anos foi morta a pauladas no Ceará por cobrar dívida de R$ 50 do suspeito. G1 CE, 8 jan. 2021. Disponível em: <https://g1.globo.com/ce/ceara/noticia/2021/01/08/jovem-trans-de-13-anos-foi-morto-a-pauladas-no-ceara-por-cobrar-divida-de-r-50-do-suspeito.ghtml>. Acesso em: 22 set. 2021.

de defender a igualdade racial no Brasil e, no contexto pandêmico, também a suposta e irreal distribuição igualitária do contágio e das mortes por covid-19.

No caso das quilombolas, há, ainda, o impacto do ser mulher, mulher negra. E mesmo que antes e durante a pandemia elas cumprissem papéis cruciais de liderança e organização dos quilombos, não são sequer consideradas nos boletins epidemiológicos estatais de forma separada dos homens quilombolas.

A subnotificação dos casos de covid-19 também é vislumbrada nos quilombos, que, a partir do monitoramento feito pela Coordenação Nacional de Articulação das Comunidades Negras Rurais Quilombolas (CONAQ) e pelo Instituto Socioambiental (ISA), vêm construindo o *Observatório da Covid-19 nos Quilombos*, registro fundamental para minimizar os danos da subnotificação por parte do Estado.

Segundo a CONAQ (2021), o processo de invisibilidade no contexto do novo coronavírus se dá por parte do poder público ao não informar os contágios e as mortes pelo vírus na população quilombola, mas também por parte da grande mídia, que não informa na proporção que deveria a situação em que vivem os(as) quilombolas durante a pandemia. A CONAQ também revela que, além da não notificação dos casos, as populações quilombolas não estão sequer conseguindo fazer exames, ou, quando conseguem, passam por muita dificuldade.

Até 14 de setembro de 2021, o *Observatório da Covid-19 nos Quilombos* registrou 5.654 casos confirmados, 1.492 monitorados e 298 óbitos. Entre as vítimas do vírus e da política de violência do Estado, dado o não enfrentamento ao novo coronavírus, está a Tia Uia, de 78 anos, matriarca do Quilombo da Rasa, localizado em Búzios.

Durante a pandemia, diversas mulheres quilombolas assumiram papéis estratégicos e de liderança na linha de frente dentro e fora dos territórios quilombolas. São elas as responsáveis pelo monitoramento dos casos de coronavírus e pela intervenção em possíveis impasses no contato com os quilombos (CONAQ, 2021).

Entre as mulheres quilombolas do Vale do Jequitinhonha, a histórica negligência ao direito à água se aprofundou durante a pandemia, momento em que obviamente a água é fundamental para a higienização e consequente diminuição do risco de contágio do vírus. Dadas essa falta de água de um lado, e a ausência do Estado de outro, lideranças femininas se mobilizaram para arrecadar comida, equipamentos de proteção individual (EPI) e álcool, o que foi crucial para manter as famílias, mesmo diante do abandono do poder público, que as deixou mais de 15 dias sem acesso à água durante uma pandemia mundial (VALENTE *et al.*, 2021, p. 174).

É evidente que lideranças femininas ascenderam ou demonstraram ainda mais sua importância no curso dessa pandemia, porém, quando o poder público se ausenta de suas responsabilidades e outras mulheres tomam para si o dever de sobrevivência de seus iguais às custas da própria vida, não estamos assistindo processos de rompimento com o machismo, mas sua perpetuação por parte do Estado na figura omissa que deixa as tarefas de planejar e garantir a sobrevivência às mulheres, algo tipicamente já relegado ao gênero feminino.

4.3 A vulneração das indígenas

A pandemia da covid-19 veio aprofundar a política de extermínio dos povos indígenas no Brasil, o que ficou demonstrado no relatório "Nossa luta é pela vida", produzido pela Articulação dos Povos Indígenas do Brasil (APIB) e suas organizações de base e parceiros, que destrincha os oito primeiros meses da pandemia, entre março e novembro de 2020.

Mais uma vez, como é visto em relação a outros grupos historicamente segregados e que enfrentam verdadeiras políticas de violência institucionalizadas seja pela ação, seja pela omissão, nos deparamos com a necessidade imposta de encontrar formas de viver e sobreviver. A criação do Comitê,[5] coordenado pela APIB, surge justamente da di-

5 O Comitê reúne dados das organizações de base da APIB, Frentes de Enfrentamento ao Covid-19, Sesai, Secretarias Municipais e Estaduais de Saúde e Ministério Público Federal (RELATÓRIO, 2021, p. 70).

ficuldade de acesso aos dados produzidos pelo Estado, dos atrasos de notificações e da ausência de campos de alternativa de raça/cor nos registros de atendimento de saúde de indígenas em áreas urbanas (COMITÊ, 2020, p. 42).

A existência desse não encontro entre os dados revelados pela Sesai e o número de indígenas vítimas da covid-19 foi tema central no Acampamento Terra Livre (ATL), ocorrido virtualmente em abril de 2020. Naquele momento, foi organizada a Assembleia Nacional da Resistência Indígena, que deliberou pela criação do Comitê e que vem monitorando nacionalmente os casos de covid-19 no Brasil em conjunto com organizações regionais (COMITÊ, 2021, p. 70).

O monitoramento foi uma iniciativa fundamental para a garantia de acesso à informação verdadeira. Nunca nos esqueçamos que informação é sinônimo de poder e que, no contexto da pandemia, poderia ter contribuído de modo crucial para o enfrentamento do vírus, e não, como aconteceu, como forma de disseminá-lo ainda mais.

O relatório (2021, p. 102) dispõe que até recentemente, nos óbitos por covid-19, mesmo sendo obrigatório desde 2017 a partir de uma portaria do Ministério da Saúde, mais de 26% dos casos não tiveram o campo raça/cor preenchido, constando apenas "não declarado" ou "ignorado". Entre os declarados, foram 36,3% pardos, 36,8% brancos, pretos ou amarelos e 0,4% indígenas. Nesse contexto, o relatório (COMITÊ, 2021, p. 77) aponta para o apagamento da população indígena quando do preenchimento do campo raça/cor; muitos são colocados como pardos, o que reforma o racismo institucional e oculta o real dano da covid-19 e da ausência de políticas emergenciais no combate ao vírus entre os povos indígenas.

Segundo o relatório (COMITÊ, 2021, p. 44), os povos indígenas "enfrentam fortes desigualdades em saúde", além de que "[...] as doenças infecciosas tendem a se espalhar rapidamente, desestruturando a organização da vida cotidiana e os cuidados com saúde dos povos indígenas." O relatório (COMITÊ, 2021, p. 16-17) também aponta que, além das desigualdades da saúde, os povos indígenas enfrentavam, e continuam enfrentando durante a pandemia mundial, situações de racismo, desmatamento ilegal, avanço do agronegócio, crimes por parte de grileiros, madeireiros e garimpeiros. No caso das meninas e mulheres indígenas, a ONU Mulheres (ONU MULHERES, 2020, p. 2) indica, ainda, o aumento da violência sexual sofrida durante os conflitos e as apropriações de terras.

Tanto o primeiro caso de contaminação como o de morte entre os indígenas foram de mulheres. O primeiro, de acordo com o relatório (COMITÊ, 2021, p. 11), foi de uma Agente Indígena de Saúde (AIS) de 20 anos do povo Kokama, em Santo Antônio do Içá, Amazonas. E o primeiro óbito, em março de 2020, foi de uma senhora do povo Borari em Alter do Chão, Pará (COMITÊ, 2021, p. 69).

Acerca da entrada do vírus em diversos Territórios Indígenas, é apontada pelo relatório (COMITÊ, 2021, p. 11) a negligência por parte do Estado ao não garantir a proteção devida aos(às) trabalhadores(as) e usuários(as) do Subsistema de Saúde Indígena, exatamente como evidenciado no primeiro caso registrado, em que o contágio dos Kokama se deu pelo contato com um médico a serviço da Secretaria Especial de Saúde Indígena (Sesai) vindo de São Paulo. E, posteriormente, a primeira morte de uma indígena por covid-19 no Ceará, uma jovem Agente de Saúde do povo Tabajara, de apenas 30 anos, do município de Monsenhor Tabosa, em 10 de maio de 2020 (COMITÊ, 2021, p. 13).

Outro ponto fundamental levantado no relatório (COMITÊ, 2021, p. 14) é o descompasso entre o avanço de casos de covid-19 entre os povos indígenas e o baixo investimento de recursos para enfrentar a situação, o que revela mais uma vez o que é historicamente perpetrado no Brasil, o genocídio dos povos indígenas:

> Em um período crítico da pandemia, com um salto de 7 óbitos, no início do mês de abril, para 383 mortes, até o final do mês de junho, a Fundação Nacional do Índio (Funai) havia gasto apenas 1,18% do seu orçamento para o combate à covid-19 entre os povos indígenas. Até o início de dezembro de 2020, a fundação indigenista gastou apenas 52% dos recursos previstos pelo órgão para o enfrentamento da pandemia, de acordo com levantamento feito pelo Instituto de Estudos Socioeconômicos (Inesc). A Política Nacional de Atenção à

Saúde dos Povos Indígenas já se encontrava muito fragilizada quando a pandemia chegou ao Brasil e esse foi um fator determinante para o agravamento da situação entre os povos indígenas. Nos meses de abril e maio, quando os casos de contaminação por covid-19 aumentavam no Brasil, os valores liquidados para a Saúde Indígena sofreram uma queda de R$ 100 milhões em comparação com o mesmo período de 2019. (COMITÊ, 2021, p.14).

O Comitê (2021, p. 14) contabilizou que 161 povos tinham casos de covid-19 até novembro de 2020. Em setembro de 2021, já são 59.118 casos, 1.203 indígenas mortos e 163 povos afetados:

> Muito mais do que números, foram nossos pajés, nossas rezadeiras e rezadores, parteiras, anciões e anciãs, cacicas e caciques que partiram. Perdemos os nossos velhos que guardavam as lembranças da memória de nossa ancestralidade, guardiões do conhecimento, dos cantos, das rezas, da nossa espiritualidade. Lideranças que dedicaram suas vidas à luta pela defesa do território, da integridade e da existência física e cultural de seus povos. Sofremos em nosso luto por essa tragédia que atinge não somente nós, indígenas, mas toda a humanidade. (COMITÊ, 2021, p. 5).

Nesse cenário de extermínio, que não começa na pandemia, o relatório aponta que o Governo Bolsonaro, após oito meses do primeiro caso de covid-19 entre indígenas, não implementou um plano eficaz e transparente, vetando 22 itens do Projeto de Lei n.° 1.142/2020, que era responsável por medidas contra a pandemia, dentre outros, para indígenas e quilombolas, em relação ao qual persistiram seis vetos, sendo um deles o que garantia orçamento para as ações formuladas (COMITÊ, 2021, p. 16-17).

Além disso, o Governo Federal foi responsável pela distribuição de cloroquina em alguns territórios indígenas, remédio que não possui qualquer comprovação da comunidade científica de que seria adequado nos casos de contágio de covid-19; mais que isso, pode impor um grave risco para aqueles(as) que possuem problemas cardíacos (COMITÊ, 2021, p. 15).

Durante a pandemia, o Estado brasileiro perpetuou uma histórica política de perseguição aos povos indígenas e suas lideranças; entre elas, Sônia Guajajara, coordenadora da APIB, que foi alvo de falsas acusações por parte do chefe de Gabinete de Segurança Institucional (COMITÊ, 2021, p. 16-17).

Entre a população indígena no Brasil, que conta com cerca de 900 mil pessoas, formando 305 povos, 448 mil são mulheres. Essas mulheres indígenas estão na linha de frente contra a Tese do Marco Temporal, pela demarcação das terras indígenas, na produção e distribuição de remédios caseiros, na luta pelo meio ambiente, na confecção de máscaras, na educação de seus parentes sobre o uso de EPIs e sobre os fatores de risco de transmissão da covid-19, nas políticas públicas indigenistas no Brasil (COMITÊ, 2021, p. 71).

Diante de um projeto de dor, sofrimento, apagamento e extermínio, se não fossem os processos de luta e resistência destas e destes, que se pretende que sumam do mapa do Brasil, possivelmente o cenário seria o dos sonhos daqueles que ilegitimamente sentem-se donos, a partir dos estupros, das armas de fogo ou de teses jurídicas nefastas, das terras do Brasil.

4.4 A vulneração de gestantes e puérperas

A pandemia de covid-19 e sua gestão aprofundaram ainda mais a elevada taxa de mortalidade no grupo de mulheres gestantes e puérperas. Essas mulheres, já se sabia, encontravam-se em um período da vida que demanda maior atenção ao quesito saúde, vez que passam por mudanças fisiológicas que podem agravar o quadro clínico em caso de contaminações, sendo o novo coronavírus mais um desses riscos (SANTOS *et al.*, 2021, p. 54.078). Ainda assim, Rossana Francisco, docente do Departamento de Obstetrícia e Ginecologia da Faculdade de Medicina da USP e uma das especialistas que mantém o Observatório Obstétrico Brasileiro Covid-19 (OOBr Covid-19), destaca o alto número de mortes dessas mulheres em decorrência da falta de assistência e tratamentos, revelando que uma em cada quatro mulheres grávidas e puérperas morreram sem serem internadas em uma unidade de terapia intensiva (ARAÚJO, 2021).

Outro elemento que demonstra a negligência estatal perante essas mulheres, que apresentavam altas taxas de mortalidade desde o início da pandemia, é que o Ministério da Saúde divulgou a recomendação para a vacinação prioritária de gestantes e puérperas apenas em abril de 2021; até essa data, a imunização desse grupo somente contemplava as que apresentavam comorbidades, estavam na faixa etária geral ou eram profissionais de saúde (ARAÚJO, 2021).

A partir da análise dos casos, o Observatório Obstétrico Brasileiro Covid-19 (OOBr Covid-19) revela que, em 2020, foram 6.861 casos, com 460 óbitos (6,7%), enquanto em 2021, já são 10.955 casos, dos quais 1.409 (12,9%) são vítimas fatais. Ou seja, totalizando os dois anos, já são 1.869 (10,5%) mulheres vitimadas pela covid-19. Entende-se por "gestante" mulher em qualquer trimestre gestacional ou idade gestacional ignorada ou puérpera, entre 10 e 55 anos, conforme definido pelo Observatório.

Sobre o momento gestacional dessas mortes, o Observatório traz os seguintes dados: 89 estavam no primeiro trimestre de gravidez, 391 no segundo trimestre, 707 no terceiro trimestre, 613 eram puérperas e 69 tiveram a idade gestacional ignorada.

O Observatório possibilita, ainda, o exame a partir da raça: das gestantes e puérperas vítimas de covid-19, 632 eram brancas, 881 pardas, 135 pretas, 12 indígenas e 16 amarelas. Mais uma vez, temos que, quando se fala em vida ou morte, as mulheres negras (pretas e pardas) são as que em maior número deixaram filhas e filhos, mães e pais, companheiros e companheiras: em um total de 1.676 mortes, elas são 1.016 ou, 60,6%.

Esses números também mostram o racismo estrutural que se encontra no sistema de saúde, no qual, por exemplo, o fator racial pode ser determinante para o grau de atenção a ser recebido, sendo criada "uma hierarquia no atendimento, deixar viver, deixar morrer" (GOES; RAMOS; FERREIRA, 2020, p. 2).

O fator escolaridade foi analisado pelo Observatório, que nos revela que o acesso à educação também pode ser relacionado aos dados de saúde. Isso é muito marcante ao percebermos que, proporcionalmente, as mulheres sem escolaridade são as que menos se curaram quando contraíram covid-19: foram 9 (15,3% em relação à contaminação) mulheres desse grupo vitimadas pelo vírus, em contraposição a 163 óbitos (11,1% em relação à contaminação) das mulheres com ensino superior. Entre as com fundamental 1, foram 72 vítimas (11,2% em relação à contaminação); com fundamental 2, foram 171 (12% em relação à contaminação); com ensino médio, 500 mulheres vitimadas (12,1%) – totalizando 915 casos inseridos neste recorte dos dados do Observatório.

Quanto à idade, o Observatório ainda nos mostra que as mortes entre gestantes e puérperas também atingem mulheres jovens: do total de 1.869 mortes, 78 eram mulheres com menos de 20 anos e 1.129 tinham entre 20 e 34 anos. Mulheres acima de 35 anos foram 662 das vítimas fatais, representando também a menor taxa de cura (75,3%), enquanto 81,3% das com menos de 20 anos e 78,7% das mulheres entre 20 e 34 anos se curaram.

Feitos esses recortes necessários dos dados que demonstram o processo de vulneração, a marca fundamental das mortes de mulheres, passo agora a tratar sobre a responsabilidade criminal do Presidente da República e o feminicídio de Estado.

5

Feminicídio de Estado e a misoginia bolsonarista

Processos por crimes comuns praticados por ocupantes da Presidência da República não deveriam ser corriqueiros em nossa histórica republicana. Contudo, no curto tempo de nossa vida democrática pós-1988, três ocasiões neste sentido são emblemáticas. Duas delas por serem muito contemporâneas.

A primeira teve como réu ninguém menos que Fernando Collor de Mello, cujo processo resultou em absolvição pelo Supremo Tribunal Federal por falta de provas, muito embora tenha ele sofrido o *impeachment*. A segunda envolveu Michel Temer, cuja resolução de julgamento em instância ordinária ainda é pendente em virtude da perda, por ele, do foro privilegiado. A terceira e última, ainda em fase de inquérito, envolve Jair Messias Bolsonaro, em nada menos que quatro investigações perante o Supremo Tribunal Federal e uma perante o Tribunal Superior Eleitoral.

Nosso sistema constitucional, portanto, não impede que investigações sejam imediatamente iniciadas em casos de crimes comuns contra o Presidente da República. E, tampouco, como referido anteriormente, Jair Bolsonaro é debutante nesse tipo de procedimento investigativo.[1] Por sinal, um dos quatro inquéritos em aberto no Supremo Tribunal Federal visa investigar seus atos diretos em

---

1 Os demais inquéritos em curso no Supremo Tribunal Federal versam sobre a interferência na autonomia da Polícia Federal após as denúncias feitas pelo ex-Ministro da Justiça e Segurança Pública, Sérgio Moro, em 24 de abril de 2020; a divulgação de *fake news* (informações falsas) e o vazamento nas redes sociais da íntegra de inquérito sigiloso da Polícia Federal que apura suposto ataque ao sistema interno do TSE em 2018 – e que, conforme o próprio tribunal, não representou qualquer risco às eleições. Há ainda investigação no Tribunal Superior Eleitoral em inquérito administrativo, proposto pelo Corregedor-Geral da Justiça Eleitoral, Luís Felipe Salomão, para que sejam apresentadas provas que comprovem ocorrências de fraude no sistema eletrônico de votação nas eleições de 2018, em particular nas urnas eletrônicas, pois Bolsonaro passou os últimos dois anos e meio afirmando que houve fraudes naquele pleito, sempre afirmando a existência de supostas provas, sem nunca apresentá-las. Convertido em inquérito, o objeto da apuração foi ampliado para englobar o possível abuso de poder econômico e político, o uso indevido dos meios de comunicação social, corrupção, fraude, condutas vedadas a agentes públicos e propaganda extemporânea em relação aos ataques contra o sistema eletrônico de votação e à legitimidade das eleições de 2022.

relação à covid-19 no que diz respeito à negociação da vacina indiana Covaxin.[2]

Consoante estabelecido no artigo 86, *caput*, do Texto Maior, caberá ao Supremo Tribunal Federal, admitida a acusação por dois terços da Câmara dos Deputados, julgar o Presidente da República nas infrações penais comuns. Em tal hipótese, nos termos do § 1º, I desse mesmo preceito constitucional, recebida a denúncia ou queixa-crime pela Corte, o mandatário da República permanecerá suspenso das suas funções por 180 dias.

Reza também a Carta que, caso nesse prazo não seja concluído o julgamento, cessará o afastamento (artigo 86, § 2º, da CF). E, de igual sorte que, não sobrevindo sen-

---

2 Conforme depoimentos prestados na CPI da Covid no Senado Federal pelos, como ficaram conhecidos, "irmãos Miranda", o Presidente da República tomou conhecimento de irregularidades configuradoras de crime em tese na aquisição da vacina Covaxin, produzida na Índia, não tendo ele, o Presidente, adotado as providências cabíveis, a saber, comunicação às autoridades competentes (Polícia Federal e MPF) no tocante a tais irregularidades. Entendendo configurado o crime de prevaricação pelo Presidente da República (artigo 319 do Código Penal), os senadores Randolfe Rodrigues e outros provocaram o STF para instaurar, na hipótese vertente, inquérito policial para averiguação dos fatos. Sorteada como relatora, a ministra Rosa Weber determinou que o MPF o instaurasse, no que não foi atendida por razões pífias articuladas pelo Sub-Procurador da República. Diante desse fato, a Relatora pressionou o MPF, que não teve outra alternativa senão requerer a abertura do inquérito.

tença condenatória, nas infrações penais comuns, o Presidente da República não estará sujeito à prisão (artigo 86, § 3º, da CF).

Vale lembrar que, conforme o artigo 102, I, *b*, da CF c\c artigo 21, XV, do Regimento Interno do Supremo Tribunal Federal, compete à Corte processar e julgar o Presidente da República por infrações penais comuns, bem como supervisionar os respectivos inquéritos. É importante destacar que, diferentemente do que ocorre com os processos por infrações penais comuns do Presidente da República, que demandam autorização prévia da Câmara dos Deputados (artigo 51, I, da CF), as investigações não dependem dessa anuência parlamentar prévia, posto que, nos termos do Regimento Interno do STF, no anteriormente referido artigo 21, XV, assegurou-se à Suprema Corte a prerrogativa de supervisionar o inquérito, independentemente de autorização da Câmara.

É nessa esteira que proponho que, sem prejuízo da responsabilização penal por crimes de responsabilidade nos termos do artigo 86, § 1.º, II da Constituição Federal, bem como por crimes de lesa-humanidade, capitulados no Estatuto de Roma, que rege o Tribunal Penal Internacional, deve responder também o Presidente da República por crimes comuns decorrentes de atos relativos ao exercício de suas funções durante a vigência de seu mandato.

Como sobejamente foi apurado pela Comissão Parlamentar de Inquérito aberta no Senado Federal, dados apresentados em depoimento prestado pelo Prof. Dr. Pedro Hallal, da Universidade Federal de Pelotas, apontam que os atos de ação e omissão do Estado e do Governo Brasileiro na condução do enfrentamento da pandemia da covid-19 resultaram em mortalidade pelo novo coronavírus quatro a cinco vezes maior no Brasil do que a média mundial.

Também consoante documento preliminar firmado pelo eminente pesquisador Flávio Luiz Schieck Valente,[3] são reais e substanciais as evidências que comprovam que o processo ao qual se refere o Prof. Hallal ocorreu (e ocorre) em uma orquestração flagrante que visou (e visa) ao retrocesso deliberado no campo da saúde e à desproteção

---

3 O documento a que se faz referência trata-se do texto "Violações de Direitos Humanos no Contexto da Pandemia pela Covid-19 no Brasil" produzido no bojo de projeto de pesquisa coordenado pela Articulação para o Monitoramento de Direitos Humanos no Brasil (AMDH), que reúne Movimento Nacional de Direitos Humanos (MNDH), o Processo de Articulação e Diálogo (PAD), o Fórum Ecumênico Act Brasil (FeAct) e organizações parceiras de Misereor no Brasil, o Fórum Nacional de Defesa do Direito Humano à Saúde, em parceria com o Conselho Nacional de Direitos Humanos (CNDH) e do Conselho Nacional de Saúde (CNS) direcionada aos Sistemas Regional e Global de Direitos Humanos. Tal documento foi tornado público em evento paralelo à 48.ª Sessão Ordinária do Conselho de Direitos Humanos da ONU, intitulado "Direitos Humanos à Saúde e à Vida na Covid-19 no Brasil", realizado em 30 de setembro de 2021, com acesso público disponível na plataforma YouTube pelo link: <https://www.youtube.com/watch?v=z6M_QsH6vKQ>.

crescente de grupos vulnerados em uma postura que se tornou conhecida sob a nomenclatura de negacionismo.

Nas palavras de Valente:

> Existem provas conclusivas e evidências científicas de que a evolução da pandemia em âmbito internacional e nacional denotavam o altíssimo grau de infectividade do vírus e a rapidez de expansão da pandemia, e que estava claro o risco de colapso do sistema de atenção à saúde, em particular das unidades de terapia intensiva, caso medidas severas de distanciamento social, uso de máscaras, higienização com álcool-gel e água e sabão neutro não fossem adotadas. Existem evidências de que o governo federal tinha à sua disposição as informações e os recursos necessários para adotar uma postura de governança antecipatória e tomar todas as medidas para conter ao máximo a expansão da pandemia ao nível mais baixo possível, contendo a mortalidade. Ao contrário do esperado, o governo federal, sob a liderança explícita do presidente da república, não só ignorou a evidência gerada pelo que vinha ocorrendo em outros países, não adotando as medidas necessárias, bem como passou a questionar, contestar e criticar publicamente as informações produzidas pela comunidade científica nacional e internacional, endossadas pela OMS.

Ademais, como assevera Valente:

> O presidente deixou de exercer a governança antecipatória e desenvolveu uma verdadeira campanha de desinformação, descaracterizando a pandemia como uma "gripezinha" e o uso da máscara como coisa de **"covardes"** e, pejorativamen-

te, coisa de "**maricas**". Além de ter promovido uso de medicações não eficazes como principal ação de enfrentamento. (Grifos meus.)

Ao perseguir a chamada imunidade de rebanho caracterizada pela negativa de compras de vacinas, pela recusa e pela disseminação do não uso de máscaras, pelo incentivo a tratamentos reconhecidamente ineficazes, Jair Bolsonaro, enquanto Presidente da República, era sabedor, como corroboram sobejamente as provas produzidas e consolidadas nas mais de mil páginas do Relatório Final da CPI da Covid-19 do Senado Federal, de que muitos e muitas morreriam.

A frase "*E daí?*" que se tornou emblemática não é um mero "dar de ombros". É o reconhecimento de que o comandante da nação sabia que o resultado era certo ao escolher os meios pelos quais se valeu para alcançar seus objetivos. E quiçá, pior, tenha entendido como necessárias as mortes de pessoas encarceradas, gays, adversárias políticas. Todas cujas vidas para ele já foram publicamente apontadas como repulsivas e dispensáveis.

"*Morreram poucos. A PM tinha que ter matado mil.*" BOLSONARO, 1992.[4]

---

4 A declaração faz referência ao Massacre do Carandiru, em 2 de outubro de 1992, em que agentes da Polícia Militar mataram 111 detentos durante repressão a uma rebelião na Casa

"Através do voto você não vai mudar nada nesse país, nada, absolutamente nada! Só vai mudar, infelizmente, se um dia nós partirmos para uma guerra civil aqui dentro, e fazendo o trabalho que o regime militar não fez: matando uns 30 mil, começando com FHC, não deixar para fora não, matando! Se vai morrer uns inocentes, tudo bem, tudo quanto é guerra morre inocente." BOLSONARO, 1999.[5]

"Para mim é a morte. Digo mais: prefiro que morra num acidente do que apareça com um bigodudo por aí. Para mim ele vai ter morrido mesmo." BOLSONARO, 2011.[6]

"Não existe homofobia no Brasil. A maioria dos que morrem, 90% dos homossexuais que morrem, morre em locais de consumo de drogas, em local de prostituição, ou executado pelo

---

de Detenção de São Paulo. Disponível em: <https://www.cartacapital.com.br/politica/bolsonaro-em-25-frases-polemicas/>. Acesso em 01 nov. 2021.

5 A declaração foi feita no programa Câmera Aberta. Bolsonaro chegou a sugerir o "fuzilamento" do ex-presidente Fernando Henrique Cardoso em diferentes ocasiões. Em livro, seu filho, Flávio Bolsonaro, explica que a afirmação foi apenas uma alusão a uma declaração do avô de FHC, que teria falado em fuzilar a família real caso ela resistisse ao exílio. Disponível em: <https://www.cartacapital.com.br/politica/bolsonaro-em-25-frases-polemicas/>. Acesso em: 01 nov. 2021.

6 Em entrevista à revista *Playboy*, Bolsonaro afirmou que "seria incapaz" de amar um filho homossexual, acrescentando que ter um casal gay como vizinho desvalorizaria o imóvel. Disponível em: <https://www.cartacapital.com.br/politica/bolsonaro-em-25-frases-polemicas/>. Acesso em: 01 nov. 2021.

próprio parceiro. (...) a sociedade brasileira não gosta de homossexual." BOLSONARO, 2013.[7]

"*[O policial] entra, resolve o problema e, se matar 10, 15 ou 20, com 10 ou 30 tiros cada um, ele tem que ser condecorado, e não processado.*" BOLSONARO, 2018.[8]

Visando à consolidação de seu projeto de poder pautado no racismo, no machismo, na LGBTI+fobia, na intolerância religiosa, levou o negacionismo às últimas consequências, deliberadamente provocando a morte de milhares de pessoas, dentre as quais estavam muitas das por ele consideradas indesejáveis, como as travestis e mulheres transexuais, as indígenas, as quilombolas, as gestantes e puérperas.

"*E daí? Lamento. Quer que eu faça o quê? Eu sou Messias, mas não faço milagre*". BOLSONARO, abr./2020.[9]

---

7 Em entrevista à minissérie documentário *Out There*, exibida pela emissora britânica BBC. Disponível em: <https://www.cartacapital.com.br/politica/bolsonaro-em-25-frases-polemicas/>. Acesso em: 01 nov. 2021.

8 Em entrevista ao Jornal Nacional, da TV Globo, em agosto, o então candidato reforçou seu entendimento, declarado diversas vezes, de que "violência se combate com mais violência", justificando que criminoso "não é ser humano normal". Em declarações anteriores, ele já havia dito que "policial que não mata não é policial" e que a "polícia brasileira tinha que matar é mais". Disponível em: <https://www.cartacapital.com.br/politica/bolsonaro-em-25-frases-polemicas/>. Acesso em: 01 nov. 2021.

9 De acordo com a CNN: "O presidente Jair Bolsonaro (sem partido) foi questionado na noite desta terça-feira (28) sobre

> *"A gente lamenta todos os mortos, mas é o destino de todo mundo"*. BOLSONARO, jun./2020.[10]

> *"Tudo agora é pandemia, tem que acabar com esse negócio, pô. Lamento os mortos, lamento. Todos nós vamos morrer um dia, aqui todo mundo vai morrer. Não adianta fugir disso, fugir da realidade. Tem que deixar de ser um país de maricas."* BOLSONARO, nov./2020.[11]

Nunca faltou ao Presidente da República o conhecimento de que os meios escolhidos para afirmar seus pro-

---

o fato de o Brasil ter superado a China no número oficial de mortes pelo novo coronavírus." Disponível em: <https://www.cnnbrasil.com.br/politica/e-a-vida-diz-bolsonaro-sobre-mortes-por-coronavirus/>. Acesso em: 01 nov. 2021.

10 Conforme o Correio Braziliense "Fala ocorreu após apoiador pedir que o presidente mandasse mensagem à famílias que perderam parentes com a covid-19". Disponível em: <https://www.correiobraziliense.com.br/app/noticia/politica/2020/06/02/interna_politica,860325/a-gente-lamenta-todos-os-mortos-mas-e-o-destino-diz-bolsonaro.shtml>. Acesso em: 01 nov. 2021.

11 De acordo com reportagem da BBC, de 11 de novembro de 2020 o "presidente brasileiro, Jair Bolsonaro, tem mantido a média mensal de uma declaração amplamente controversa ou anticientífica sobre a pandemia de coronavírus, que já matou pelo menos 162 mil pessoas no Brasil — ou até mais de 250 mil, segundo estimativas da Fundação Oswaldo Cruz (Fiocruz)." A declaração em destaque consta de matéria intitulada "Coronavírus: 'país de maricas' e outras oito frases de Bolsonaro sobre pandemia que matou 162 mil pessoas no Brasil". Disponível em: <https://www.bbc.com/portuguese/brasil-54902608>. Acesso em: 01 nov. 2021.

pósitos trariam como resultados centenas de milhares de mortes, assim como ele nunca deixou de executar ações capazes de aumentar ainda mais o número de óbitos pela disseminação da desinformação. E não à toa teve o Relator da CPI da Covid-19 no Senado Federal aberto capítulo especial sobre *fake news*.

Nos termos do Relatório firmado pelo Senador Renan Calheiros (2021), *in verbis*:

> *(...) constatamos um grande volume de publicações que conflitam com essa premissa fundamental. Observamos verdadeiras campanhas, disseminadas pelas redes sociais, baseadas em conteúdos claramente contrários as evidências técnicas e científicas disponíveis até o momento, gerando enorme confusão na população, por meio de um processo que se convencionou denominar* fake news. *Tais ações tiveram como consequências diretas o agravamento dos riscos de saúde para as pessoas, o rápido incremento da contaminação pelo coronavírus, o aumento do índice de ocupação dos leitos hospitalares e, finalmente, nefastas perdas para o País.* (p. 619-620)
>
> *(...)* As *apurações desta CPI foram capazes ainda de comprovar a existência de uma organização estruturada e dividida em núcleos para atuar na disseminação de desinformação, aferindo especialmente a propagação das ideias defendidas pelo presidente da República.* (p. 620)
>
> *(...) constatamos que essa organização era formada por, ao menos, cinco núcleos articulados entre si, a saber: o núcleo de comando (1), que interage diretamente com o núcleo formula-*

dor (2), núcleo político (3), núcleo de produção e disseminação das fake news (4), e núcleo de financiamento (5). (p. 624) *O primeiro, mais importante, é o núcleo de comando, a cabeça da organização. Ele é formado pelo Presidente da República e seus filhos que ocupam cargos políticos, a saber: o Senador Flávio Bolsonaro, o Deputado Federal Eduardo Bolsonaro e o Vereador do Rio de Janeiro Carlos Bolsonaro. Esse núcleo tem a função de dirigir a organização e orientar estrategicamente as ações realizadas nos níveis inferiores da hierarquia, dando-lhes diretrizes e informando-lhes prioridades de ação.* (p. 624).

Entre outras condicionantes elementares, o Comitê de Direitos Econômicos, Sociais e Culturais, criado em 1985 pelo Conselho Econômico e Social das Nações Unidas para garantir o cumprimento do Pacto Internacional de Direitos Econômicos, Sociais e Culturais, entende a informação como fator para o acesso à saúde (LAMY; HAHN; MENEZES, 2018, p. 49). Direito à informação este que deve expressar uma "espécie de garantia supranacional da Democracia" na medida em que a informação for verdadeira, completa e objetiva (SARLET; MOLINARO, 2014, p. 16).

A Declaração Universal dos Direitos Humanos, o Pacto Internacional dos Direitos Econômicos, Sociais e Culturais (e seu Protocolo Opcional) e o Pacto Internacional dos Direitos Civis e Políticos (e seus dois Protocolos Opcionais) formam a chamada Carta Internacional dos Direitos Humanos, sendo os Pactos reconhecidos como primeira forma de positivação dos direitos previstos na Declaração Universal.

Pois bem, o Pacto Internacional dos Direitos Civis e Políticos na mesma medida em que reforça a relevância da liberdade de expressão, reafirma que esta também inclui a *liberdade de receber informações*, a implicar *deveres e responsabilidades especiais* e que, por isso, consequentemente, poderá estar sujeita *a certas restrições* previstas em lei *e que se façam necessárias* visando a *proteger a segurança nacional, a ordem,* ***a saúde*** *ou a moral públicas* (artigo 19, 1; 2 "b"). (Grifo meu.)

Também a Convenção Americana Sobre Direitos Humanos – assinada pela Organização dos Estados Americanos em 22 de novembro de 1969, durante a Conferência Especializada Interamericana sobre Direitos Humanos – e conhecida como o Pacto de San José da Costa Rica, determina serem livres o pensamento e a expressão, o que não elimina a possibilidade de restrições que sejam necessárias para, dentre outras coisas, a proteção da saúde (art. 13, 4).

Por fim, a Declaração e Programa de Ação de Viena enfatizam a importância de que os Estados protejam e promovam os direitos humanos e as liberdades fundamentais de todos, todas e todes, sem exceção ou discriminação, reconhecendo que os direitos das mulheres e meninas são parte indivisível dos direitos humanos, apontando a violência como violação de tais direitos. E, especialmente sobre a comunicação, a Declaração e Programa sublinharam (39) *a importância de* ***uma informação objetiva, responsável e imparcial*** *sobre Direitos Humanos e questões humanitárias*. (Grifo meu.)

Na linha diametralmente inversa do "expressar-se" em *lives* e pronunciamentos voluntária e conscientemente destinados a difundir entre a população brasileira o negacionismo quanto às vacinas, o uso de medicamentos ineficazes e a adoção de métodos mirabolantes de "cura" condenados de modo veemente por aprofundados estudos científicos, o Presidente da República tinha o DEVER de transmitir informações reais que visassem a impedir, e não provocar, mortes.

No âmbito legislativo interno, o que se extrai do Texto Constitucional é que a liberdade de comunicação é um verdadeiro conjunto de direitos, formas, processos e veículos que possibilitam a coordenação desembaraçada da criação, da expressão e da manifestação do pensamento, da informação e da organização dos meios de comunicação. Isto é, uma garantia muito maior, que ultrapassa a mera expressão, e que compreende vários direitos fundamentais, dentre os quais se destacam (i) o direito de ser informado; (ii) o direito de informar e o (iii) direito de ter acesso à informação (MENDES, 2008, p. 50).

O direito fundamental de informar assegura o poder de divulgar fatos ou notícias que sejam de interesse coletivo. Nesse sentido, o direito é entendido como uma liberdade negativa, pois pressupõe o dever do Estado de abster-se de obstaculizar o processo de comunicação, assim como o dever de proteger esse mesmo processo contra obstrução por terceiros. O direito fundamental de ser informado, por outra via, corresponde ao direito de receber informações sobre tudo o que se sucede na sociedade. É dizer da necessidade de evitar a marginalização social provocada pela falta de informação ou, ainda, pela informação distorcida. E, por fim, o direito fundamental ao acesso à informação pressupõe o livre acesso a todas as fontes de notícias possíveis (MENDES, 2008, p. 51).

O direito à comunicação é um dos pilares centrais de uma sociedade democrática. Logo, assumir a comunicação como um direito fundamental significa reconhecer o descumprimento dos deveres que incumbiam (e incumbem) ao Presidente da República e os direitos de todo o povo por ele violados mediante a difusão de informações totalmente desprovidas de fundamentação científica.

"Não está comprovada cientificamente."

"Não há nada comprovado cientificamente sobre essa vacina aí." BOLSONARO, jan./2021.[12]

---

12 De acordo com o Gazeta do Povo: "O presidente Jair Bolsonaro voltou a falar nesta sexta-feira (22) sobre a aprovação da vacina Coronavac, a única, até o momento, disponível no Brasil. No último domingo (17) a Agência Nacional de Vigilância Sanitária (Anvisa) aprovou o uso emergencial da Coronavac, desenvolvida pelo laboratório chinês Sinovac em

A nenhum mandatário de um Estado signatário dos compromissos internacionais com os direitos humanos, tal como é o brasileiro, pode ser dado impunemente descumprir tais obrigações. Em seus conhecidos arroubos obscurantistas, até era previsível a discordância com esses compromissos. Entretanto, descumpri-los nunca, sob pena de, por si só, com tais ações e omissões, dar início a atos executórios de práticas cujas consequências e circunstâncias garantiam a certeza de que mortes ocorreriam.

Na linha do que entendem Zaffaroni e Pierangeli (2000, p. 56) o "começo de execução do crime" não é o "começo de execução da ação típica", pois o início da execução do delito abarca atos que, conforme o plano da pessoa autora, são imediatamente anteriores ao começo de execução da ação típica, ou seja, também do princípio da execução da ação típica.

Em síntese, para os fins de compreensão sobre o termo preliminar da execução, é de ver-se que atos executórios pelos meios escolhidos se incluem no núcleo típico. Contudo, também abarcam os atos periféricos e imediatamente anteriores de acordo com o plano necropolítico[13] de Jair Bolsonaro.

---

parceria com o Instituto Butantan, e de Oxford/AstraZeneca, distribuída no Brasil pela Fiocruz." Disponível em: <https://www.gazetadopovo.com.br/republica/breves/bolsonaro-vacina-comprovada-cientificamente/>. Acesso em: 01 nov. 2021.

13 Como nota, vale referir que a professora Berenice Bento nos

Em entrevista à Agência Italiana de Notícias (ANSA Brasil)[14] em dezembro de 2020, o presidente do Conselho Nacional de Saúde (CNS), Fernando Pigatto, reportou que diversas autoridades se reuniram no início de fevereiro, incluindo representantes do Ministério da Saúde e da Fiocruz, para debater um plano que poderia ter evitado essa quantidade de contágios e vítimas.

---

propõe analisar os contextos contemporâneos complexos a partir dos conceitos de biopolítica e necropolítica, de modo a compreendermos que "a governabilidade, para existir, precisa produzir interruptamente zonas de morte", de tal modo que, em contextos de estados coloniais como os latino-americanos, "governabilidade e poder soberano não são formas distintas de poder, mas têm [...] uma relação de dependência contínua – seja numa abordagem sincrônica ou diacrônica", cunhando uma noção de "necrobiopoder". Tomando essa formulação por referência, a professora Joice Nielsson e o professor Maiquel Wermuth analisam em que medida "necropoder e biopoder (vida matável e vida vivível) são termos indissociáveis para se pensar a relação do Estado com os grupos humanos que habitaram e habitam o Estado-nação". E, desse modo, compreendemos como a necrobiopolítica tem atingido corpos femininos, resistentes e dissidentes, manuseando estereótipos de gênero para controlar e gerir a vida, ao mesmo tempo em que intensifica a produção necropolítica da morte, como forma de exercício de soberania por parte de um poder biopatriarcalista – masculino, branco, colonial, heteronormativo e neoliberal.

14 Disponível em: <https://ansabrasil.com.br/brasil/noticias/brasil/entrevistas/2020/12/21/especial-o-virus-verbal-de-bolsonaro-em-ano-de-pandemia_a7f51955-9021-468d-98fb-9aa7e-4cbc2a8.html>. Acesso em: 01 nov. 2021.

Contudo, segundo ele, todos os esforços realizados fizeram na esfera governamental, da sociedade civil, dos conselhos, por profissionais de saúde, e autoridades sanitárias no Brasil e no mundo, não impediram que o Presidente da República *"negasse tudo aquilo que a ciência mostra"*. Segundo Pigatto:

> *"Isso leva as pessoas a desacreditarem naquilo que a própria ciência mostra, porque um presidente, independentemente da forma como atua, é exemplo para as pessoas, serve de modelo. Se o presidente diz 'isso é uma gripezinha' ou um 'resfriadinho', 'não vai acontecer nada', as pessoas vão achar que isso é o certo por estar vindo da boca de um presidente."*

A propósito da política de desinformação propagada pelo Presidente da República, uma de suas últimas investidas foi a de vincular a vacina à contaminação por HIV. Segundo ele, em sua *live* do dia 21 de outubro:

> *"Eu só vou dar a notícia. Não vou comentar porque já disse isso no passado e fui muito criticado. Relatórios oficiais do Governo do Reino Unido sugerem que as pessoas totalmente vacinadas estão desenvolvendo aids quinze dias depois da segunda dose. Leia essa notícia. Não vou ler aqui porque posso ter problemas com minha transmissão ao vivo."* BOLSONARO, out./2021.[15]

15 Conforme o *El País*, "O Facebook e o Instagram bloquearam na noite de domingo a *live* feita pelo presidente Jair Bolsonaro no dia 21 de outubro, transmissão ao vivo em que o

Por sinal, é importante lembrar que pessoas que convivem com aids também são alvos históricos do ódio bolsonarista. Em 2011, em entrevista à revista *Playboy*, ao ser questionado pelo repórter se ele acreditava que a aids era consequência direta da homossexualidade, ele respondeu:

> *"Em grande parte, sim. As questões de mulheres casadas que contraem o vírus, muitas vezes elas pegam pelo marido, que é bissexual e leva para dentro de casa."* BOLSONARO, 2011.[16]

E disse mais:

> *"O cara vem pedir dinheiro para mim para ajudar os aidéticos. A maioria é por compartilhamento de seringa ou homossexualismo. Não vou ajudar porra nenhuma! Vou ajudar o garoto que é decente"*. BOLSONARO, 2011.[17]

---

mandatário vinculou a imunização contra a covid-19 à aids. De acordo com um porta-voz do Facebook, 'nossas políticas não permitem acusações de que as vacinas contra a covid-19 matam ou causam danos graves às pessoas'. Na noite desta segunda-feira, foi a vez de o YouTube anunciar a remoção do conteúdo 'por violar as nossas diretrizes de desinformação médica sobre a covid-19 ao alegar que as vacinas não reduzem o risco de contrair a doença e que causam outras doenças infecciosas'." Disponível em: <https://brasil.elpais.com/brasil/2021-10-25/facebook-e-instagram-bloqueiam-live-semanal-de-bolsonaro-apos-presidente-vincular-aids-a-vacina-contra-covid-19.html>. Acesso em: 01 nov. 2021.

16 Disponível em: <https://www.cartacapital.com.br/politica/bolsonaro-em-25-frases-polemicas/>. Acesso em: 01 nov. 2021.

17 Disponível em: <https://www.cartacapital.com.br/politica/bolsonaro-em-25-frases-polemicas/>. Acesso em: 01 nov. 2021.

Perfilo-me ao aos muitos pesquisadores e muitas pesquisadoras para entender, pela robusta existência de indícios de autoria e materialidade de, como dito anteriormente, sem prejuízo dos crimes de responsabilidade e de lesa-humanidade, diversos crimes comuns praticados pelo Presidente da República. Contudo, de outra via, levando em conta as mortes de mulheres – em especial dos grupos vulnerados antes mencionados – sucedidas durante o período pandêmico, ocorreram e ocorrem no especial contexto misógino ampla e abertamente propagado pelo Sr. Jair Messias Bolsonaro.

A misoginia é a repulsa e o ódio às mulheres. E essa forma de aversão ao feminino está diretamente vinculada aos atos de violência praticados contra as mulheres, e é a principal responsável por grande parte dos feminicídios e por outras violências; uma forma de compreensão de mundo que tomou o Brasil a partir de 2019, como demonstram, por exemplo, as seguintes manifestações públicas do Presidente da República:

> *"Brasil tem de deixar de ser 'país de maricas' e enfrentar pandemia 'de peito aberto'."* BOLSONARO, nov./2020.[18]

---

18 De acordo com o G1, "O presidente Jair Bolsonaro afirmou nesta terça-feira (10) que o Brasil tem que 'deixar de ser um país de maricas' e enfrentar a pandemia de Covid-19 de 'peito aberto'". Disponível em: <https://g1.globo.com/politica/noticia/2020/11/10/bolsonaro-diz-que-brasil-tem-de-deixar-de-ser-pais-de-maricas-e-enfrentar-pandemia-de-peito-aberto.ghtml>. Acesso em: 01 nov. 2021.

"Três meninas? Três fraq... Não vou falar não, senão vai dar problema..." BOLSONARO, ago./2020.[19]

"Quem quiser vir aqui fazer sexo com uma mulher, fique à vontade. O Brasil não pode ser um país de turismo gay. Temos famílias." BOLSONARO, abr./2020.[20]

"Com toda a certeza, o índio mudou. Está evoluindo. Cada vez mais o índio é um ser humano igual a nós." BOLSONARO, jan./2020.[21]

---

19 *"Eu tenho cinco filhos. Foram quatro homens, a quinta eu dei uma fraquejada e veio uma mulher."* Frase de Jair Bolsonaro, em palestra na Hebraica, Rio de Janeiro, em 5 de abril de 2017.

20 Sobre o lugar da mulher da mulher no mercado de trabalho, vale lembrar a seguinte declaração: *"Eu sou liberal. Defendo a propriedade privada. Se você tem um comércio que emprega trinta pessoas, eu não posso obrigá-lo a empregar quinze mulheres. A mulher luta muito por direitos iguais, legal, tudo bem. Mas eu tenho pena do empresário no Brasil, porque é uma desgraça você ser patrão no nosso país, com tantos direitos trabalhistas. Entre um homem e uma mulher jovem, o que o empresário pensa? 'Poxa, essa mulher tá com aliança no dedo, daqui a pouco engravida, seis meses de licença-maternidade...' Bonito pra c..., pra c...! Quem que vai pagar a conta? O empregador. No final, ele abate no INSS, mas quebrou o ritmo de trabalho. Quando ela voltar, vai ter mais um mês de férias, ou seja, ela trabalhou cinco meses em um ano."* BOLSONARO, 23 de fevereiro de 2015, em entrevista ao jornal *Zero Hora*, de Porto Alegre. Disponível em: <https://gauchazh.clicrbs.com.br/politica/eleicoes/noticia/2018/08/o-que-bolsonaro-disse-a-zero-hora-em-2014-sobre-direitos-das-mulheres-cjlfiylei05bk01qk0zsj66ce.html>. Acesso em: 01 nov. 2021.

21 Quanto às comunidades quilombolas, em palestra proferida em abril de 2017, disse o Sr. Jair Bolsonaro: *"Fui num quilom-*

"O Brasil é uma virgem que todo tarado de fora quer." BOLSONARO, jul./2019.[22]

Os recortes acima são somente alguns dos inúmeros exemplos do desprezo do Sr. Jair Bolsonaro, enquanto Presidente da República, em relação ao feminino. Uma aversão que vem de longa data, mas que, no contexto da pandemia, assumiu a feição em forma de violência letal pela qual ele deve ser responsabilizado.

Sem embargo, ainda que seja, como dito e aceito em jurisprudência e melhor doutrina, a qualificadora do feminicídio objetiva, muito especialmente, no que toca ao reconhecimento da estrutura patriarcal que embala a hipótese de menosprezo ou discriminação à mulher (art. 121, § 2.º-A, inciso II, do Código Penal) fato é que a misoginia expressa diretamente pelo Sr. Presidente da República e por seus subordinados, nunca esteve no campo de discursos estrategicamente desconectados e sem finalida-

---

bola em Eldorado Paulista. Olha, o afrodescendente mais leve lá pesava 7 arrobas. Não fazem nada. Eu acho que nem para procriador ele serve mais."

22 De acordo com a *Folha de S. Paulo*, "Ao comentar pressões de líderes europeus e do Papa Francisco contra o desmatamento em alta no país e a favor da preservação da Amazônia, o presidente Jair Bolsonaro comparou neste sábado (6) o Brasil a 'uma virgem que todo tarado de fora quer'". Disponível em: <https://www1.folha.uol.com.br/ambiente/2019/07/brasil-e-virgem-que-todo-tarado-de-fora-quer-diz-bolsonaro-sobre-amazonia.shtml>. Acesso em: 01 nov. 2021.

des específicas e capazes de impulsionar objetivamente atos que resultaram, e resultam, em mortes de mulheres.

Para os fins de enquadramento típico das condutas praticadas pelo Presidente da República nos termos do art. 121, § 2.º-A, inciso II, do Código Penal, compreende-se, portanto, como *feminicídio de Estado todas as condutas dolosas, comissivas ou omissivas, de agentes estatais que deem causa à morte de mulheres em razão da situação de desigualdade histórico-cultural de poder, construída e naturalizada como padrão de menosprezo ou discriminação ao gênero feminino.*

Nesse contexto, a pandemia da covid-19 foi o meio de execução cruel (art. 121, § 2.º, II, do Código Penal) e com torpe motivação (art. 121, § 2.º, I, do Código Penal) para matar mulheres pelas razões da condição de sexo feminino (art. 121, § 2.º, VI, do Código Penal) por menosprezo e discriminação de gênero (art. 121, § 2.º-A, inciso II, do Código Penal).[23]

---

23 Vide também Guilherme de Souza Nucci. Ao tratar do feminicídio, ele esclarece que se trata de "uma qualificadora objetiva, pois se liga ao gênero da vítima: ser mulher", advertindo que "o agente não mata a mulher somente porque ela é mulher, mas o faz por ódio, raiva, ciúme, disputa familiar, prazer, sadismo, enfim, por motivos variados que podem ser torpes ou fúteis; podem, inclusive, ser moralmente relevantes", não se descartando, "por óbvio, a possibilidade de o homem matar a mulher por questões de misoginia ou violência doméstica;

As primeiras expressões públicas de misoginia de que se tem registro remontam ainda ao seu primeiro mandato na Câmara dos Deputados nos anos 1990, onde permaneceu por quase 30 anos até se candidatar ao Planalto. Dentre povos indígenas, quilombolas, defensores e defensoras de direitos humanos e políticas públicas de igualdade, as mulheres e as pessoas LGBTI+ sempre estiveram em sua mira. Afirmações de repulsa a mulheres, não poucas vezes formuladas com requintes de crueldade, como ocorrido quando saudou o Coronel Brilhante Ustra – comandante de um dos maiores centros de repressão durante a ditadura (o DOI-CODI em São Paulo, entre 1970 e 1974) e reconhecido pela Justiça como torturador durante a ditadura militar – por ocasião de seu voto favorável ao processo de impeachment da então Presidenta da República, Dilma Rousseff (uma das vítimas do citado carrasco da repressão política), em abril de 2016.

> *"Pela memória do coronel Carlos Alberto Brilhante Ustra, o pavor de Dilma Rousseff [...] o meu voto é sim."* BOLSONARO, abr./2016.[24]

---

mesmo assim, a violência doméstica e a misoginia proporcionam aos homens o prazer de espancar e matar a mulher, porque esta é fisicamente mais fraca", tratando-se de "violência de gênero, o que nos parece objetivo, e não subjetivo" (2017, p. 46-47).

24 Como destacou matéria da revista *Veja*, morto "em 2015, coronel chefiou o DOI-CODI, divisão de repressão e inteligên-

No universo paralelo bolsonarista, tudo, todas e todos que se opõem aos mandos e desmandos do "Mito" – modo como Jair Bolsonaro é reverenciado entre seus apoiadores e apoiadoras – são, numa muito própria ordem de ideias incentivadoras do ódio, colocados no mesmo pacote de indesejáveis e extermináveis. Nessa linha de repulsa e desejo de morte, suas declarações nunca foram subliminares, foram sempre claras:

> *"Essa turma, se quiser ficar aqui, vai ter que se colocar sob a lei de todos nós. Ou vão para fora ou vão para a cadeia. Esses marginais vermelhos serão banidos de nossa pátria."* BOLSONARO, out./2018.[25]

Essa afirmação, em conjunto com suas ações e omissões que resultaram na morte de milhares de pessoas no Brasil, dentre as quais, como defendo, travestis, mulheres trans, quilombolas, indígenas, gestantes e puérperas sob a qualificadora do feminicídio, tem relação direta com o ato que durante seu mandato veio a concretizar-se, com a

---

cia da ditadura, e foi o 1.º militar do regime condenado pelo crime de tortura." Disponível em: <https://veja.abril.com.br/politica/bolsonaro-afirma-que-torturador-brilhante-ustra-e-um-heroi-nacional/>. Acesso em: 01 nov. 2021.

25 Disponível em: <https://veja.abril.com.br/brasil/esses-marginais-vermelhos-serao-banidos-de-nossa-patria-diz-bolsonaro/>. Acesso em: 03 nov. 2021.

indicação para ocupação de uma vaga no Supremo Tribunal Federal de um jurista, em suas palavras, "terrivelmente evangélico".

Não esqueçamos que, em referência direta à eliminação das minorias, na qual estão indígenas, travestis, mulheres trans, quilombolas, LGBTI+ e feministas, em um vídeo publicado no YouTube de um evento no estado da Paraíba, o então deputado federal já afirmava que:

> *"Como somos um país cristão, Deus acima de tudo! Não tem mais essa historinha de Estado laico, não! É Estado cristão! Vamos fazer um Brasil para as maiorias! As minorias têm que se curvar às maiorias! A lei deve existir para defender as maiorias! As minorias se adéquam ou* ***simplesmente desapareçam****!"* (Grifo meu.) BOLSONARO, 2017.[26]

Sempre na contramão do processo civilizatório, o Presidente da República faz pouco caso do fato de que, por exemplo, na II Conferência Mundial de Direitos Humanos (realizada em Viena, em 1993) tenha sido aprovado o seguinte texto:

---

26 De acordo com o *The Intercept*, trata-se de discurso do então deputado federal ao desembarcar no aeroporto João Suassuna, na cidade paraibana de Campina Grande. Disponível em: <https://theintercept.com/2018/09/25/ideias-nazifascistas-bolsonarismo/>. Acesso em: 01 nov. 2021.

II. A. 22. A Conferência Mundial sobre Direitos Humanos apela a todos os Governos para que adotem todas as medidas adequadas, em conformidade com as suas obrigações internacionais e no respeito pelos respectivos sistemas jurídicos, para ***combater a intolerância e a violência com ela conexa que tenham por base a religião ou o credo, incluindo práticas discriminatórias contra as mulheres e profanação de locais religiosos, reconhecendo que cada indivíduo tem direito à liberdade de pensamento, consciência, expressão e religião****. A Conferência convida, igualmente, todos os Estados a porem em prática as disposições da Declaração sobre a Eliminação de Todas as Formas de Intolerância e Discriminação baseadas na Religião ou no Credo.* (Grifo meu.)

Por sinal, suas manifestações comprobatórias do desprezo pela vida das mulheres já chegaram a ser classificadas como misóginas, dando ensejo à Ação Civil Pública n.º 5014547-70.2020.4.03.6100, impetrada pelo Ministério Público Federal de São Paulo (MPF-SP) visando à reparação por danos morais por atos que configuram, nos termos da inicial, "abuso de liberdade de expressão" que profanam "os fundamentos e objetivos fundamentais da Constituição".

O feminicídio de uma mulher nunca é igual ao feminicídio de outra mulher, se considerarmos identidade de gênero, raça e classe (MENDES, 2021, p. 138-139). Os "outros feminicídios", para os quais a ação estatal é direta por ação ou omissão, materializam-se como feminicídios de Estado a serem investigados e punidos em nome dos direitos à justiça, à verdade e à memória[27] das mulheres cuja vida é arrancada nas condições anteriormente elencadas.

Daí porque entendo que as "Diretrizes Nacionais para Investigar, Processar e Julgar com Perspectiva de Gênero as Mortes Violentas de Mulheres", adotadas no Brasil em 2016 com o intuito de implantar entre nós o "Protocolo

---

27 De acordo como o Modelo de Protocolo, todas as ações para investigar, processar e punir responsáveis por mortes de mulheres hão de nortear-se pelos direitos à justiça, à verdade e à memória. O acesso à justiça constitui um elemento central das obrigações internacionais. O padrão de devida diligência parte do pressuposto de que os Estados devem contar com sistemas de justiça adequados, que garantam o acesso aos mecanismos da justiça penal e restaurativa às mulheres vítimas de violência. O direito à verdade está diretamente conectado ao direito à justiça e aos interesses das vítimas sobreviventes e indiretas em ver os responsáveis pelos crimes identificados, processados, julgados e punidos pela tentativa ou morte consumada e outros crimes que estejam relacionados. Adicionalmente, o direito à verdade também implica que as vítimas possam conhecer as motivações para o crime e, em caso de desaparecimento, que a vítima seja localizada e/ou seu corpo restituído à família. O direito à memória tem relação estreita com a atuação de todos os profissionais do sistema de justiça. Numa dimensão mais ampla, o respeito à memória ultrapassa o caso individual e, por meio do dever de devida diligência do Estado, ao promover mensagens de teor pedagógico e preventivo, os operadores do Direito, numa atitude transformadora na perspectiva de gênero, contribuirão para comunicar para toda a sociedade que a violência contra as mulheres com base no gênero é inaceitável (ONU MULHERES, 2014).

latino-americano para investigação de mortes violentas de mulheres por razões de gênero no Brasil", devem ser tomadas como um paradigma para os casos de mortes de mulheres em decorrência da covid-19.

Isto é, frente ao mínimo indício de dúvida sobre a *causa mortis* de uma mulher nessas condições, devem ser realizadas investigações sob a perspectiva de gênero, o que implica, em todos os casos, que se busque informações sobre o perfil da vítima, sua condição de vida anterior à morte e, acrescento, o contexto cultural, social, político e econômico misógino no qual estava inserida.

Os fatos descritos nas mais de 1.200 páginas do Relatório da CPI da Covid-19 são dados universalmente acessíveis para o início de investigações e eventuais denúncias. A intenção do Presidente da República sempre esteve claramente expressa em suas ações, ações essas passíveis de serem comprovadas por etapas de aferição que mostram que, verificadas as regras sociais a que corresponde o tipo, tornou-se público e notório, desde o reconhecimento da pandemia pela Organização Mundial de Saúde, que o vírus é uma forma capaz de causar mortes em massa. Além disso, também era de seu conhecimento e domínio que a não observância às orientações provenientes dos organismos internacionais ensejariam os resultados que vimos acontecer. Não faltam, por fim, manifestações externas do Presidente da República que contemplam seu compromisso de atuar em prol da vulneração do bem jurídico "vida".

Todos os documentos, depoimentos e quebras de sigilos colecionados pela CPI, por exemplo, mostram que ele efetivamente sabia quais seriam os efeitos de suas ações. Elas concretizaram suas intenções. E ele sempre teve ao seu dispor todos os recursos necessários para causar mortes: recusa à compra de vacinas, disseminação de *fake news*, oferecimento de medicamentos ineficazes, desdém ao uso de máscaras, negativa de programas de atendimento específico a grupos vulnerados, tais como os compostos por quilombolas, indígenas, travestis e transexuais.

Ninguém jamais será capaz de afirmar o que passou (ou passa) pela mente do atual Presidente da República. E é na tentativa desse tipo de aferição que residirá, em uma perspectiva de compreensão da conduta dolosa que precisa ser ultrapassada, a garantia de sua impunidade. [28]

---

28 Nos termos da legislação brasileira, notadamente no art. 18 do Código Penal, tem-se crime doloso quando o agente quis o resultado ou assumiu o risco de produzi-lo. Admitindo-se como penalmente relevante a omissão, dentre outras hipóteses, quando o omitente devia e podia agir para evitar o resultado que, de outra forma, assumiu a responsabilidade de impedir (art. 13, § 2.º, "b", CP). E é basicamente ao redor dessas possibilidades de compreensão da conduta do atual Presidente da República que têm girado as teses para sua eventual responsabilização criminal. De acordo com a doutrina tradicional, ainda, no que toca ao dolo direto, (art. 18, I, primeira parte) costuma-se distinguir entre dolo de primeiro grau e dolo de segundo grau, sendo comum, quanto a este último, a referência ao famoso Caso Thomas, quando, em

Sobram dados circunstanciais, aliados ao conhecimento e ao que estava ao alcance do Presidente da República. O caso das mortes por covid-19 seria um excelente momento para trazer-se luz ao que é concreto mediante a capacidade de análise de contextos, antecedentes, e até mesmo das consequências de tudo o que ocorreu e ocorre no Brasil nestes tempos de escuridão e morte.

1875, um certo agente de nome Alexander Keith Jr. decidiu explodir o próprio navio com o objetivo de fraudar o seguro, embora fosse sabedor de que, com esse ato, provocaria a morte da tripulação e de passageiros. Considera-se, assim, o dolo direto de segundo grau quando os meios de ação escolhidos para realizar o fim e, de modo especial, os efeitos secundários, são representados pela pessoa autora como certos ou necessários.

Não há aqui tempo e maior lugar para a discussão dogmática penal acerca da conduta dolosa de *lege ferenda* nos moldes que me agradaria fazer (BUSATO, 2020; CABRAL, 2020, VIVES ANTON *et al.*, 2017). Contudo, não há como deixar em aberto a oportunidade de dizer que o caso em tela grita pela superação dos paradigmas doutrinários costumeiros que compreendem o dolo em um sentido psicológico (em algumas vertentes cognitivas) e que, com isso, silenciam não só quanto aos erros filosóficos daí decorrentes, mas também, em especial, quanto a manipulabilidade do que seja "vontade" e "consciência" no âmbito judiciário. Dolo é a "a prova do dolo" (Hassamer). E. nesse sentido, existem bons e fortes argumentos para a condenação.

Considerações Finais

(ou breves notas sobre a investigação dos feminicídios de Estado)

É dever de todos os entes públicos – aqui, em particular, do Poder Judiciário, do Ministério Público e da Polícia Judiciária – a observância dos compromissos firmados internacionalmente. Com saliente relevo, em atenção à obrigatória convencionalidade de seus atos, devem estes aterem-se aos ditames da Convenção Interamericana para Prevenir, Punir e Erradicar a Violência Contra a Mulher – Convenção de Belém do Pará –, segundo a qual o Brasil deve "*adotar, por todos os meios apropriados **e sem demora**, políticas destinadas a prevenir, punir e erradicar tal violência*" (grifo meu), assim como a empenhar-se em (art. 7.º):

> a) abster-se de qualquer ato ou prática de violência contra a mulher e velar por que as autoridades, seus funcionários e pessoal, bem como agentes e instituições públicos, ajam de conformidade com essa obrigação;

b) agir com o devido zelo para prevenir, investigar e punir a violência contra a mulher;

Sob o prisma da convencionalidade, considerado o reconhecimento da estrutura patriarcal abarcado na hipótese legal de menosprezo ou discriminação à mulher, por sua vez, alimentado e propagado pelo Sr. Jair Messias Bolsonaro, na qualidade de Presidente da República, para os fins da responsabilidade penal, o contexto da pandemia da covid-19 há de ser compreendido como o meio de execução cruel (art. 121, § 2.°, III, do Código Penal), com torpe motivação (art. 121, § 2.°, I, do Código Penal), para matar mulheres pelas razões da condição de sexo feminino (art. 121, § 2.°, VI, do Código Penal) por menosprezo e discriminação de gênero (art. 121, § 2.°-A, inciso II, do Código Penal) de travestis, mulheres trans, indígenas, quilombolas, gestantes e puérperas.

Nesse sentido, entendo que a Procuradoria Geral da República deva ser instada a determinar abertura de processos investigativos em face do Sr. Presidente da República, Jair Messias Bolsonaro, nos termos do art. 121, § 2.°-A, inciso II, do Código Penal, a partir de tantas quantas forem as notícias de fato promovidas, seja por familiares, seja via representações da sociedade civil de travestis, mulheres trans, indígenas, quilombolas, gestantes e puérperas durante o período pandêmico.

Ademais, é de se tomar como indeclinável que a participação das vítimas sobreviventes e das vítimas indiretas no processo judicial faz parte da reparação, na medida em que se reveste como uma oportunidade para que essas pessoas possam reconhecer a violência que sofreram e sua própria condição enquanto vítimas.

Tomado sob esse viés, é fundamental que sejam, no que couber, observadas pelos diferentes e competentes órgãos investigativos e do *Parquet* as "Diretrizes Nacionais para Investigar, Processar e Julgar com Perspectiva de Gênero as Mortes Violentas de Mulheres" (PASINATO, 2016), em especial, no que se refere:

a) ao direito à justiça, que se traduz na obrigação do Estado de iniciar uma investigação pronta e imparcial sobre os fatos alegados;
b) ao direito à verdade de conhecer as circunstâncias dos crimes, os motivos e os responsáveis pelos fatos de que foram vítimas;
c) ao direito à memória, que se traduz na não deturpação de sua memória para justificar a violência sofrida;
d) ao direito a um processo e julgamento livres de estereótipos e preconceitos;
e) ao direito de ver os responsáveis identificados e sancionados e a consequente reparação civil dos danos causados;

f) ao respeito à dignidade humana, consistente em:

- Não minimizar o sofrimento da vítima sobrevivente e das vítimas indiretas;
- Respeitar a dor da vítima sobrevivente e das vítimas indiretas ao relembrar fatos;
- Evitar que a vítima sobrevivente e as vítimas indiretas sejam expostas ao acusado, especialmente quando demonstrem medo ou desconforto em sua presença;
- Evitar questionamentos discriminatórios sobre a vida íntima da vítima fatal ou sobrevivente, especulando sobre informações desnecessárias ao processo e que possam causar constrangimentos à vítima sobrevivente e às vítimas indiretas;
- Evitar todo comentário que reproduza estereótipos de gênero e julgamentos de valor sobre o comportamento da vítima direta, quer ela seja ou não sobrevivente e
- Evitar que sejam juntados aos autos documentos que não tenham pertinência para a apuração dos fatos, mas sirvam para expor e violar a privacidade e a intimidade das vítimas diretas e indiretas.

g) à privacidade e confidencialidade da informação, observando as seguintes orientações:

- O atendimento às vítimas sobreviventes e às vítimas indiretas, durante as tomadas de declarações e depoimentos, ou em quaisquer outras circunstâncias, deve ser realizado em espaços adequados e que contribuam para a privacidade, a confidencialidade e a segurança das pessoas;
- As informações coletadas, sobretudo aquelas que tratam de aspectos íntimos da vida da vítima, devem ser protegidas para que não se tornem públicas, sobretudo pela exploração midiática dos casos;
- Garantir que as vítimas diretas e indiretas tenham acesso à informação sobre seus direitos, sobre o processo e todos os trâmites judiciais;
- Garantir que possam estar acompanhadas por pessoa de sua confiança durante as tomadas de declarações, depoimentos e na realização de exames;
- Realizar os encaminhamentos necessários e adequados para a rede de atendimento especializado ou a outros serviços;
- Adotar protocolos de atendimento que contribuam para o fluxo de informações e pessoas, evitando que as vítimas sobreviventes e as vítimas indiretas sejam constrangidas a recontar

os fatos várias vezes, ou tenham que se deslocar de um serviço ao outro sem que obtenham as informações e encaminhamentos necessários e compatíveis com suas necessidades; e

- Evitar o emprego de linguagem discriminatória e questionamentos eivados por juízos de valor que questionem hábitos, atitudes ou comportamentos da vítima, ou responsabilizem a vítima pela violência sofrida.

A síntese final deste livro é desafortunada, pois nada pode ser mais doloroso do que chegar à conclusão sobre a real possibilidade jurídica de que um chefe de uma nação tenha de responder pelos crimes por ele praticados durante e em razão de sua estada à frente do comando maior da República. Não há, contudo, outra opção.

Configuram em tese feminicídios de Estado todas as mortes de travestis, mulheres trans e aquelas para quem foi dificultado ou negado o acesso às políticas emergenciais do Estado e que, devido à precarização das condições de trabalho nas ruas, foram expostas ao vírus em todas as fases da pandemia, consoante pesquisas e dados organizados pela Associação Nacional de Travestis e Transexuais (ANTRA); as de mulheres grávidas e puérperas durante o período pandêmico no Brasil, entendendo-se como por gestante mulher em qualquer trimestre gestacional ou idade gestacional ignorada ou puérpera entre 10 e 55 anos, de acordo com o que fora definido pelo Observatório Obstétrico Brasileiro Covid-19 (OOBr Covid-19); as de mulheres negras quilombolas, conforme monitoramento da Coordenação Nacional de Articulação das Comunidades Quilombolas Rurais Negras (CONAQ); e as de mulheres indígenas, consoante dados referendados pela Articulação dos Povos Indígenas do Brasil (APIB).

É o que se espera em nome do direito à memória, à justiça, à verdade e à reparação de todas as mulheres que pagaram com suas vidas o preço da misoginia.

Referências

ABREU, Ana Cláudia Silva. **Denúncias de Feminicídios e Silenciamentos: Olhares descoloniais sobre a atuação do Sistema Criminal.** São Paulo: Blimunda (no prelo).

APIB. Emergência Indígena. **Apib Oficial**, 2021. Disponível em: <https://emergenciaindigena.apiboficial.org/>. Acesso em: 22 set. 2021.

ARAÚJO, Ana Lídia. Pandemia revela fragilidades da assistência a gestantes e mulheres no pós-parto. **Agência Senado**. Disponível em: <https://www12.senado.leg.br/noticias/infomaterias/2021/05/pandemia-revela-fragilidades-da-assistencia-a-gestantes-e-mulheres-no-pos-parto>. Acesso em: 22 set. 2021.

BENEVIDES, Bruna G.; NOGUEIRA, Sayonara Naider Bonfim (Orgs). Dossiê dos Assassinatos e da Violência contra Travestis e Transexuais Brasileiras em 2020. São Paulo: Expressão Popular, ANTRA, IBTE, 2021. Disponível em: <https://antrabrasil.files.wordpress.com/2021/01/dossie-trans-2021-29jan2021.pdf>. Acesso em: 22 set. 2021.

BENTO, Berenice. Transfeminicídio: Violência de gênero e o gênero da violência. *In*: **Dissidências Sexuais e de Gênero**. COLLING, Leandro Colling. (Org.) Salvador: EDUFBA, 2016.

BENTO, Berenice. Necrobiopoder: Quem pode habitar o Estado-nação? **Cadernos Pagu**, n. 53, p. 3, 2018. Disponível em: <www.periodicos.sbu.unicamp.br/ojs/index.php/cadpagu/article/view/8653413/18511>. Acesso em: 09 out. 2021.

BUSATO, Paulo César. **La Tentativa del Delito:** Análisis a partir del concepto significativo de la acción. Curitiba: Juruá, 2010.

BUSATO, Paulo César. **Direito Penal**: Parte geral. Vol. 1. São Paulo: Atlas, 2020.

BIANCHINI, Alice; BAZZO, Mariana; CHAKIAN, Sílvia. **Crimes contra Mulheres**. 3. ed. Salvador: Editora JusPodivum, 2021.

BRASIL. Relatório final. **Comissão Parlamentar de Inquérito sobre COVID-19**. Brasília: Senado Federal, 2021.

BRASIL. Relatório final. **Comissão Parlamentar Mista de Inquérito sobre Violência contra a Mulher**. Brasília: Senado Federal, 2013.

CABRAL, Rodrigo Leite Ferreira. **Dolo e Linguagem**: Linguagem rumo a uma nova gramática do dolo a partir da filosofia da linguagem. Florianópolis: Tirant Lo Blanch, 2020.

CONAQ; ISA. Observatório da Covid-19 nos Quilombos. **Quilombo sem Covid-19**. Disponível em: <https://quilombosemcovid19.org/>. Acesso em: 22 set. 2021.

COMITÊ NACIONAL PELA VIDA E MEMÓRIA INDÍGENA. Relatório. **Nossa luta é pela vida**. Coordenação Executiva da Articulação dos Povos Indígenas do Brasil – APIB, 2020. Disponível em: <https://emergenciaindigena.apiboficial.org/files/2020/12/APIB_nossalutaepelavida_v7PT.pdf>. Acesso em: 22 set. 2021.

CONVENÇÃO INTERAMERICANA PARA PREVENIR, PUNIR E ERRADICAR A VIOLÊNCIA CONTRA A MULHER – Convenção de Belém do Pará, 1994. Disponível em: <http://www.pge.sp.gov.br/centrodeestudos/bibliotecavirtual/instrumentos/belem.htm>. Acesso em: 21 out. 2021.

CUSSAC. José L. Gonzáles. CABRAL, Rodrigo Leite Ferreira. **Compêndio de Direito Penal Brasileiro**: Parte geral. Florianópolis: Tirant Lo Blanch; Empório do Direito, 2017.

FRANCISCO, Rossana Pulcineli; VIEIRA, Lucas Lacerda; RODRIGUES, Agatha S. **Obstetric Observatory BRAZIL-COVID-19**: 1031 maternal deaths because of COVID-19 and the unequal access to health care services. (2021). Disponível em: <https://observatorioobstetrico.shinyapps.io/covid_gesta_puerp_br/>. Acesso em: 22 set. 2021.

GOES, Emanuelle Freitas; RAMOS, Dandara de Oliveira; FERREIRA, Andrea Jacqueline Fortes. Desigualdades Raciais em Saúde e a Pandemia da Covid-19. **Trabalho, Educação e Saúde**, v. 18, 2020. Disponível em: <https://www.scielo.br/j/tes/a/d9H84fQxchkfhdbwzHpmR9L/abstract/?lang=pt>. Acesso em: 22 set. 2021.

GOMES, Izabel Solyszko. Feminicídios: Um longo debate. Rev. Estud. Fem. 26 (2), 2018. Disponível em: <https://doi.org/10.1590/1806-9584-2018v26n239651>. Acesso em: 20 set. 2021.

LAGARDE Y LOS RIOS, Marcela. Por los Derechos Humanos de las Mujeres: La ley general de acceso de las mujeres a una vida libre de violencia. **Revista mexicana de ciencias políticas y sociales**. Ciudad de México, v. 49, n. 200. may./ago. 2007.

LAMY, Marcelo; HAHN, Milton Marcelo; MENEZES ROLDAN, Rosilma. O Direito à Saúde como Direito Humano e Fundamental. **Revista Em Tempo**, [S.l.], v. 17, n. 01, p. 37 – 60, nov. 2018. ISSN 1984-7858. Disponível em: <https://doi.org/10.26729/et.v17i01.2679>. Acesso em: 20 set. 2021.

MARTÍNEZ, Ana María de la Escalera; LINDIG, Erika Cisneros (Orgs). **Alteridad y Exclusiones:** Vocabulario para el debate social y político. Cidade do México: Juan Pablo Ed., 2013.

MADRID, Antonio. **Vulneración y Vulnerabilidad:** El orden de las cosas. Fundación L'Alternativa. Disponível em: <http://www.fundacioalternativa.cat/wp-content/uploads/2015/05/Vulneraci%C3%B3n-y-vulnerabilidadx.pdf>. Acesso em: 30 ago. 2018.

MENDES, Soraia. **Esfera Pública e Direitos Fundamentais:** Estudos sobre a liberdade de comunicação. Passo Fundo: Ifibe, 2008.

MENDES, Soraia. **Criminologia Feminista**: Novos paradigmas. 2. ed. São Paulo: Saraiva, 2017.

MENDES, Soraia. **Processo Penal Feminista**. 2. ed. São Paulo: Atlas, 2021.

MOLINARO, Carlos Alberto; SARLET, Ingo Wolfgang. Direito à Informação e Direito de Acesso à Informação como Direitos Fundamentais na Constituição Brasileira. **Revista da AGU**, 2014. Disponível em: <https://repositorio.pucrs.br/dspace/bitstream/10923/11403/2/Direito_a_768_Informac_807_a_771_o_e_Direito_de_Acesso_a_768_Informac_807_a_771_o_como_Direitos_Fundamentais_na.pdf>. Acesso em: 22 set. 2021.

MÜLLER, Águeda. La salud, un Derecho Humano: El derecho de la salud e los derechos humanos. *In:* **Es-**

tudios acerca del Derecho de la Salud. Ciudad Autónoma de Buenos Aires: La Ley; Departamento de Publicaciones de la Facultad de Derecho y Ciencias Sociales de la Universidad de Buenos Aires, 2014.

MUNEVAR, Dora Inés. Delito de Femicidio: Muerte violenta de mujeres por razones de género. **Estudios Socio-Jurídicos**, v. 14, n. 1, p. 135-175, 2012.

NUCCI. **Curso de Direito Penal**. Parte Especial. v. 2. Rio de Janeiro: Forense, 2017.

ONU MULHERES. Modelo de protocolo latino-americano para investigação de mortes violentas de mulheres (femicídios/feminicídios). Brasil, 2014. Disponível em: <http://www.onumulheres.org.br/wp-content/uploads/2015/05/protocolo_feminicidio_publicacao.pdf>. Acesso em: 18 ago. 2015.

ONU MULHERES. **Os Impactos da Pandemia de Covid-19 para as Mulheres Indígenas no Brasil.** Informe v1 13.10.2020. Disponível em: <https://www.onumulheres.org.br/wp-content/uploads/2020/12/COVID19_2020_informe1.pdf>. Acesso em: 22 set. 2021.

PASINATO, Wânia (coord.). **Diretrizes Nacionais Feminicídio**: Investigar, processar e julgar com perspectiva de gênero as mortes violentas de mulheres. Brasília, 2016. Disponível em: <https://www.onumulheres.org.br/wp-content/uploads/2016/04/diretrizes_feminicidio.pdf>. Acesso em: 06 jul. 2017.

RADFORD, Jill; RUSSELL, Diana. **Femicide:** The politics of woman killing. New York: Twayne Publishers, 1992.

SAGOT, Montserrat. "El femicidio como Necropolítica en Centroamérica". *In*: **Labrys Estudos Feministas**, Brasília, Montreal, Paris, n. 24, jul.-dez. 2013.

SANTOS, Juarez Cirino dos. **Direito Penal**: Parte geral. Curitiba: ICPC, 2014.

SANTOS, Gustavo Gonçalves dos *et al.* Impacto da Covid-19 entre Gestantes Pretas e Pardas: Revisão integrativa da literatura. **Brazilian Journal of Development**, v. 7, n. 6, Disponível em: <https://doi.org/10.34117/bjdv7n6-010>. Acesso em: 22 set. 2021.

SEGATO, Rita Laura. Território, Soberania e Crimes Segundo o Estado: A escritura nos corpos das mulheres de Ciudad Juarez. **Revista de Estudos Feministas**, Florianópolis, v. 13. n. 2. p. 265-285, may./aug. 2005.

SEGATO, Rita Laura. Que És un Feminicidio: Notas para um debate emergente. **Série Antropológica**, Brasília, UnB, n. 401, 2006.

VALENTE, Polyana Aparecida *et al.* **Narrativas sobre a Covid-19 na Vida de Mulheres Quilombolas do Vale do Jequitinhonha:** Estratégias contracolonizadoras de luta e (re)existência. *In:* MATTA, G.C.; REGO, S.; SOUTO, E.P.; SEGATA, J. (Eds.) Os Impactos Sociais da Covid-19 no Brasil: Populações vulnerabilizadas e respostas à pandemia [online]. Rio de Janeiro: Observatório Covid 19; Editora FIOCRUZ, 2021, p. 171-180. Informação para Ação na Covid-19 series. Disponível em: <http://books.scielo.org/id/r3hc2/pdf/matta-9786557080320-16.pdf>. Acesso em: 22 set. 2021.

VALENTE, Flávio Luiz Scheck. **Violações de Direitos Humanos no Contexto da Pandemia pela Covid-19 no Brasil**. Evento paralelo à 48.ª Sessão Ordinária do Conselho de Direitos Humanos da ONU, intitulado "Direitos Humanos à Saúde e à Vida na Covid-19 no Brasil". 30 de setembro de 2021. Disponível em: <https://www.youtube.com/watch?v=z6M_QsH6vKQ>. Acesso em: 30 set. 2021.

VÁSQUEZ. Patsili Toledo. **Feminicídio**. ONU: Alto Comissariado das Nações Unidas para os Direitos Humanos. México, 2009.

VIVES ANTÓN, Tomás Salvador. ARNAU, Maria Luisa Cuerda. ROYO, Elena Górriz. Acción Significativa, Comisión por Omisión y Dogmática Penal. Valencia: Editorial Tirant Lo Blanch, 2017.

WERMUTH, Maiquel Ângelo Dezordi; NIELSSON, Joice Graciele. Necrobiopolítica de Gênero no Brasil Contemporâneo: O feminicídio em tempos de fascismo social. **Revista Brasileira de Políticas Públicas**, Brasília, v. 10, n. 2, p. 331-350, 2020.

ZAFFARONI, Eugenio Raúl; PIERANGELI, José Henrique. **Da Tentativa**: Doutrina e jurisprudência. São Paulo: Revista dos Tribunais, 2000.

www.ingramcontent.com/pod-product-compliance
Ingram Content Group UK Ltd.
Pitfield, Milton Keynes, MK11 3LW, UK
UKHW040314300826
14791UKWH00003B/870